不朽のキリスト教古典双書

マルティン・ブーバー 義を求める祈り

正と悪をめぐる『詩篇』黙想

稲村秀一［訳著］

YOBEL, Inc.

凡例

1　本書は Martin Buber: Recht und Unrecht–Deutung einiger Psalmen,in: Werke. II (S. 951 – S. 990. 略記号 RU）の全訳である。書名は直訳すれば『正と不正 —— 若干の詩篇講解』であるが、著書の内容から全体の意図を汲み取って本訳書名のようにした。翻訳において次の英訳を参照した。Good and Evil : Two Interpretations, New York; Charles Scribner's Sons,1953, 143pp. に編集されている Ronald Gregor Smith: Right and Wrong : An Interpretation of some Psalms. London: SCM Press, 1952, 62pp.

2　本書には目次はなく、講解が並んでいるだけであるが、見やすくするためにそれぞれに番号を記入した。

3　聖書の訳文は、ブーバー自身がヘブライ語からドイツ語に翻訳したものに基づくので、現在邦訳されているものとは異なる。現在刊行されている多種類の邦訳聖書を参照した。

4　本書で用いた括弧等は次の通りである。

①「 」は原著の《 》を示す。

②（ ）は原著の（ ）を示す。

③［ ］は内容が濃縮された文章・語句を解説するために、また思考の繋がりを示すために訳者が追加した説明文である。

④〈 〉記号は訳文のまとまりを明確にするために、また強調するために訳者が付加したもの。

「不朽のキリスト教古典叢書」刊行の言葉

良書との出会いはすぐれた指導者との出会いと同じような影響をわたしたちに与えます。若年の時代には何かと道に迷いやすく、落ち着かない日々を経験しますが、そんなときすぐれた著作に触れると、それは明るい光のように歩むべき道を照らし、人生の道案内をしてくれます。キリスト教の歴史を見ても、聖書と並んで著名な著作ばかりか小さな著作でも、今日に至るまで大きな影響を与えてきました。

たとえばアウグスティヌスが晩年になって異端のペラギウス派を論駁した作品のなかに『霊と文字』という小品があります。実はこの小著によってヨーロッパ16世紀の宗教改革が起こってきたのです。まず同時代の学者カール・シュタットがこの著作を読み感動し、ルターも若い時代に繰り返し読んで、宗教改革者としての認識に到達し、これによってそれまで当時の大学教育を支配していたアリストテレスの哲学を廃止して、この著作を採用して大学改革を遂行しました。
このような一般の人々の目には隠されているが、これまで大きな働きをしたのにあまり顧みられなかった名作を紹介することは、今日、とりわけ読書が軽視されたこの時代に、とても意義深いことです。わたしたちはこのように歴史のなかに埋もれてこれまで顧みられなかった古典的な名作を発掘し、紹介したいと願って、この叢書の発刊を思い立ちました。それと同時にこれまで歴史的に重要な作品であっても、その難解さのゆえに理解するのが困難な古典への案内になる小品も含めて紹介したいと考えています。

2022年5月

金子晴勇

義を求める祈り——正と悪をめぐる『詩篇』黙想

目次

序

私はこの著書において五篇の詩篇を論じます。この五篇の詩篇は正しい行為と不正な行為との間、この世界で正しいことを行なっている者たちと不正を行なう者たちとの間の関係について、したがってまた善と悪一般との間のこの世界の出来事について取り上げています。

これらの詩篇は、その重要な文体上の差異から推定されうるように、実際は異なった著者に由来している。しかしこれらの詩篇のなかで語っている人々は互いにその基本的な観点と本質的な態度において非常に近いので、それぞれの場所に唯一の姿、ただそれらの詩篇においては多様に表現されている姿、つまり「詩篇記者（Psalmist）」を置いてもよいであろう。確かに、もしわれわれがこれらの詩篇を正しく並列させるならば、これらの詩は相互に、個々人の道の諸段階のように補充し合う。この個々人の道は、駆り立てつつ変化してゆく諸経験をこえて一つの大きな見解へと導くのである。

その道は（詩篇12篇では）、詩人が次のような世界に対立して存在しているということから始まっている。つまりこの世界の中では、あらゆる良心の咎めを免除された嘘を操る「滑らかな舌」が、偽りを真とし、圧政する者を正しき秩序として表現することに成功するあらゆる術策に詳しい。だが、そこでは一体どこに真実な者の隠れ場があるのだろうか。しかし、詩人は確信している、神は「今や立ち上がり」、抑圧された真実な者を受け入れて、この地上に真理の支配を建てるであろうと。

だが（詩篇14篇では）、困ったことが起こっているように思われる。あたかもすべてのものが解体し、いかなるひとも正しいことを為さず、いかなるひとももはや敢えて正しいことを為そうともせず、詩篇作者が「自分の民」と認めた残りの者[1]のみが、正義に固執しているばかりである。しかし、語り手は今もなお神が臨在するという確かさを失っていない。神は、語り手が知っているところによれば、天上（超越）から人類の状態を吟味して、悪を打ちのめす用意をしているだけではなく、神は忠実な残りの者には神が臨在しているという恩恵を贈っているのである。

しかし詩篇作者のこの確信は何度となく失望させられる。「悪しき現状からの」転機は起こらないからだ。それはあたかも、「むなしき者」が〈神は人間の世界について無関心である〉という教説を確信して保持していることが当然であるといっているかのようだ。常に不気味になってゆくこの状態を（詩篇82篇で）語り手「真実な詩篇作者」は次のようにしか説明できないことを知っている。つまり、神は天使たちが正しいことを行なうために地上の統括権を天使たちに委ねたが、天使たちは今や自らが、かつての最初の人間たち「アダムとエバ」のように、「自分の使命に」不忠実となってしまっていると。それにもかかわらず、詩篇作者の希望は神を見捨てることはない。詩篇作者は、その直観によって、「神は悪しき裁き人たちを審き、そして彼らを、かつての最初の人間たちのように、死をもって打ち砕く」という確かさをあらためて受け取っている。そして審きがいまだにまだ現われない時、詩篇作者は神が「立ち上がる」ように（参照、詩篇14篇における神の約束）と、そして裁きを実現するようにと、神に敢えて呼び掛けたのである。

しかし再び、詩篇作者は絶望させられる（詩篇73篇）。詩篇作者の周りでは俗悪な人が栄え、義しい人が苦しんでいる。今や詩篇作者には、この地上ではけっしてこれ以外の状態にはなりえないと思われるほどである。いたずらに詩篇作者は、神の全能と人間の今の運命との別の「新たな」関係(Verhältnis)を捉えなおそうと試みたのだった。つまり、詩篇作者はこの不条理な現実(Dasein)の状況から、将来の意味に満ちた現実へと繫がる展望を開くような関係を獲得しようと試みたのである。すでに詩篇作者は絶望のとりこになっていた。そのとき、以前には予感されなかったような照明を「心に」受けたために、思いがけず詩篇作者のなかに、彼を神の道へ、神の道の近みへと導くある変化が生まれた。心（Herz）と一緒に洞察（Auge）も変化したのである。「世界・歴史・人間を神の光のもとで観察する」この新しい視点においては、今まで長い間、無意味と思われていたものの中に、意味が開かれてくるのだった。すべてのものが、この内面の変化に関わっている。この内面の変化によってのみ世界は変化するのである。

詩篇作者はなにものによっても動かされることのない唯一の幸福として、神の道を前進しながら、神に近づく人間の幸福を認め讃美している（詩篇1篇）。

この著作のなかで与えられている5篇（12篇、14篇、82篇、73篇、1篇）の詩篇の解釈は、この詩篇がわれわれに語らねばならぬこと、つまり自覚的現存［単に自己意識をもっているだけの人間］と神への近さとしての〈真に実存すること〉との間の区別を明らかにするであろう。それ故に、この解釈は実存的釈義の試みとして特色づけられてもよかろう。

この四文字（YHWH）が「主」とか「永遠な方」と同じように翻訳されるには何の根拠もないのだが、この文字はここでは代名詞を含んだ叫び（例えば、「おお、彼は！」）という根源的な性格に即して代名詞的に翻訳される。しかし、この根源的な性格も後には動詞化される（例えば、「彼はそこにいる」と）。「中止」の徴であるセラ——これは見かけは作曲し終えた歌における〈伴奏

演奏〉という旋律の継続を表現するが——は、根源的意味に従えば「高く!」と翻訳される。(2)

注

(1) イスラエルの民族のなかにあっても、神を求めて、神に忠実で、善を行う少数の人たち。多数の不真実な人々は滅びにいたるが、この少数の人たちは神の前で存在し続ける、つまり「残りの者」なのである。参照、本訳書の35頁、38頁、66頁。

(2) この小文字の五行は原文のまま。神名の聖四文字(YHWH)は従来「Herr」と表記されてきたが、ブーバーは「JHWH」「ER」とも表記した。本訳書中、詩篇12篇4節、6節参照。思案のすえ、そこでは、「主(ER)」としておいた。関根正雄訳は「ヤハウェ」と原語表記のまま(『詩篇註解・上』教文館、57頁)。セラは詩篇の節尾に頻繁に登場するヘブライ語で、歌唱や演奏を「中止」することを指示する。この一時的中止での沈黙によって人は思いと情熱を高いところ(神)へと向ける。これには諸説あり。

Ⅰ　偽りの世代に対抗して——詩篇12篇

詩篇12篇

1 聖歌隊の指揮者のために、八弦の竪琴で、ダビデの歌
2 自由にしてください、あなた（DU）！
アダムの子孫のもとでは、
恵み深い者は絶え、
真実なものは消え去ったからです。
3 狂気の戯れを彼らは語り、
すべての人が仲間と一緒に、
滑らかな唇を

二心をもって語っています。
4 断ってください、主（ER）よ
すべての滑らかな唇を
大言壮語する舌を、
5 この舌は、こう言います、
「弁舌でわれらは勝っており、
われらの唇はわれらと共にある、
一体誰がわれらの主なのか！」と。
6 「意気消沈した者の迫害であれ、
貧しき者の呻きであれ、
今や私は立ち上がる」
と主（ER）は言われる、
「血の気を失った者を

私は自由にする」と。
主（IHM）の宣言〔約束の言葉〕、
7
それは純粋な宣言だ、
それは七回も精錬されて
炉のなかで地上へと溶解した銀だ
8
あなたがそれら〔宣言〕を
守りつづけてください、あなた（DU）！
ひとりひとりをこの世の時において、
この時代の人たち〔邪悪な人たち〕から
保護しつづけてください、
9
この現世では不法が横行しています。
卑劣なこと〔堕落〕が表面に現れています
アダムの子孫のもとで。

偽りは人間が自然の中に持ち込んだ特殊な悪である。われわれのすべての暴力とか悪行とは、あれこれの自然的存在者がそのような仕方で実現できるように訓練し（Ausbildung 身につけ）いわば高度に培養した（Hochzüchtung 強く拡大した）ものである。しかし偽りはまさにわれわれ自身の虚構（Erfindung）であって、動物が錯覚によって産み出すいかなるものともその類型において異なっている。偽りは、人間という存在者が、真理の存在を受胎することができることに応じて可能となることとなのである。偽りは受胎された真理に対してのみ可能となるのである。それは、偽りにおいては精神（Geist）は自己自身を裏切るということである。(1)

次に十戒には、偽りの禁止が何故欠如しているかと問われるだろう。だが、欠如しているというのではない。というのは、偽証の禁止［第9戒］として十戒では表現されているからであり、十戒の意図は共同体の内的な結合における共同体の基礎付けや固定化にあるからである。したがって、あらゆる不正は、その社会的側面（広義において）から仲間——したがってそれ自身においてではなく——の生存権の侵害として、つまり精神的秩序の侵害（Verletzung der geistigen Ordnungen）として見られるからである。しかし、歴史的発展の経過にあっては、個人がその社会的結合から離れ出て、その単独者が自己と隣人を人格的に認知することが強くなれば、偽りそのものに関する苦悩も感じうるものとなるであろうし、叙述されることになるであろう。

　こうした感情が昂揚すると同時に細分化されているひとつの詩篇がここにある。語り手は〈虚言者〉に対して苦悩しているのではなく、〈偽りの世代〉に対して苦悩しているのだ。この偽りは、この世代にあっては、支配者に巧妙に管理される手段となっている程に極めて完全になってきている。しかし、この詩篇記者は自らの苦悩を表現し、この苦悩を引き起こしているものに焼印を押すことで満足してはいない。詩篇記者はまた、上から〔神から〕始まっている反対の働きも見抜いている。（というのは、この詩篇はひとつの観〔Schau〕を打ち立てる預言者的な詩篇のひとつであるからである。）

　この二回ないし三回繰り返される主要な言葉「人の子（アダムの子孫）、唇、滑らかな、話す、宣言（Sprüche）、自由にする、自由」は、その〔詩篇の〕対象の輪郭を描いている。ここでは、今日、「唇」（「滑らかな唇」）や舌のある特質が、つまり〈語ることを媒介しての人間相互の伝達に及ぼしている否定的な力〉が問題なのである。より厳密に言えば、その影響によって人間の語ることが壊敗《かいはい》する（秩序がこわれてめちゃめちゃになること。）ことが問題なのである。この壊敗に対立しているのは、神の

「救い」の業であり、神の「宣言」――神から発した真理の言葉――である。

神は［人間を］「自由にする」ために呼び出される。神がそこから［人間を］自由にしうるものは次のような特徴をもつ現在の状況である。つまり、人間としての人間の共同生活（Miteinander-leben）が基礎を置いている二つの特徴は、第一に、好意あるいは善意志、すなわち他者が私から、われわれの関係に即して、期待しているものを、その他者に満たす用意があること［共同体を構成する人間が相互に他者に期待しているものを満たし合うこと］であり、第二に、誠実さまたは信頼できること（die Treue oder Zuverlässigkeit）、すなわち私の行為と私が表現した心意とが結びついて一致していること（die verbindliche Übereinstimmung）［行為（実践）と意図（思想）の一致］である。「現在の状況は」この二つの特徴が、人間そのものの共同生活から、基本的状態が取り去られる程度にしたがって消失してしまっているという状況である。人間的真理に代わって、つまり〈人間的人格が自己自身とまたあらゆるその表明を分裂せずに真剣に考えることに〉代わって、生存の形式としての偽りが入り込んできているのである。

今日、人間の社交を支配している偽りという要素について、三つのことが語られた、――その〈作用〉との関連で、またその〈構造〉との関連で、さらにその〈目的〉との関連で。

第一は、詩篇記者が考えている偽りは「妄想」を語ることである。これでもってもちろん偽りそのものがひとつの「妄想」に付着していて、また「妄想」を表明するのだということが意味されているわけではなく、むしろ偽りは語られることによって聴く者にひとつの妄想を生み出すのであり、「聴く者に何かをさも有りそうにみせる」のだということである。とりわけ偽りは聴く者に心に抱いてもいない見解をさもありそうに見せ掛けるものである［語ることのなかに偽りがあり、語ることで聴く者に妄想をいだかせるということ］。隣人をその経験と洞察で隣人固有のものによって満たすことの代わりに、人間が共通して考えたり知ることを要求することになるように、偽りは世界観と人生観に捏造《ねつぞう》された内容を入れてしまい、魂と存在の関係［魂と存在するものとのリアルな関係］を偽りとするのである。

第二は、人々は二心をもって語るということである。文字通りには「心と心をもって」語るのである。われわれはこの表現をそのまったき深みにおいて捉えなければならない。つまり、心と口との間のみではなく、まさに心と心との間に二元性が支配しているということである。偽りが真理の刻印を担う［装う］ために、虚言する者は異なった心［本心ではない心］をつくりだすのである。つまり自然らしさという最も表面的な外観をもって機能している装置を製造するのである。その装置から、偽りは自発的な経験や洞察の表出のように「滑らかな舌」となって姿を現わしてくるのである。

第三は、こうしたことはすべて、権力者によって抑圧された者が権力者に巧みに見せることによって「自らを権力者に」従わせるために、権力者によって生じたのである。権力者たちの舌は、自分たちの優越性を護ろうとする。その舌は「大きなことを語り」、そして自分に隷属する者をより一層隷属させてゆく。しかし意気消沈した者の心がひとつの激動（Aufruhr）に駆り立てられて、「主は我らと共にいます！」というひとつの希望が生まれることを権力者たちが予感するとき、彼らは「我らの唇はわれらと共にあり、一体誰がわれらの主であるか」と「いう態度で」応えるのである。

以上が詩篇記者の透視あるいはむしろ聴取の瞬間である。彼は権力者の心の隠れたところで、思い上がりがいかに呟いているかを聴くのである。まさにこの瞬間に彼は神が語るのを聴くのである。神はこう告げる、「神はいかに貧しい者たちが圧迫されているかを見たが故に、また神は乏しい者の呻きを聴いたが故に、『今』立ち上がるであろう」（6節）と。この「今」において、禍《わざわい》の最も極端なもののただ中に、救済（Heil）の表明が現れ出たのである。この救済はいつか到来すべきものというのではなく、常に現在しているものであって、活動（実現）することだけを必要としているのである。この〈今〉とは決定的に預言者の範疇である。「主の日」——その日には玉座についている者は「立ち上がり」、創造の隠れた意図として初めからあったその王国は驚異と歓喜をともなって明らかになる——は、預言者の「観（Schau 洞察力）」の支配の力が及ぶもとでは、まさに〈今日という日〉なのである。こうした「観」の相続者であることをここでも何度となく証明する詩篇記者たちは、「立ち上がる」という表現が同時に審判と「地上のあらゆる意気消沈した者たちの解放」（詩篇76篇10節）を意味することを知っている。われわれの詩篇は、この審判とこの救済が決して二つの出来事ではなく、むしろひとつであると、特別に強調して表現している。「私は血の気を失った人を自由にする」と神は語る。滑らかな唇がその大言壮語をもってささやく「迫害された者」について、神は〈この迫害された者を神の自由のなかに移しかえるであろう〉と語る。迫害された者が移しかえられる世界はこの他にはない。「今」、〈神の世界〉として明示されたわれわれの世界は今や〈救済の世界〉である。これ以上にはいかなる裁き〔審判〕も必要ではない。偽りの世代が禍の中に置かれる、あるいは移しかえられるとは言われていないし、言われる必要もない。言い換えれば、その中に偽りがあるものは、無として顕《あらわ》になる［消え去ってしまう、滅ぼされる、空しきものとなる］ということである。この偽りの世、すなわち——詩篇の終わりの部分に言われているように——「アダムの子孫のもとで卑劣なことが表面化している」時世（Weltstunde）において暴虐に横行している偽りの世代は、［実はむしろ］救済が活動的になることによって、その虚無性（Nichtigkeit）を明らかにしてくる。それどころか、その偽りの虚無性は、偽りの現実性となる。偽りは無以外のいかなる存在をももちえない［偽りの虚しさが現実のものとなる。つまり（偽りは）無にほかならない］のである。

詩篇作者は神の宣言［告知、約束の言葉］を聞いた。彼は、この宣言があらゆる神の宣言と同様に、いや神の宣言のみがそうであるように、「純粋」であること、つまりあらゆる人間の言葉に付着している非真理の屑から自由であることを知っており、また確信している。語り手が、ここで最も強い比喩での強調（Gleichinis-Emphase）でもって、神の宣言について語っていることはたんに誘因（Anlaß）［真相の解明のきっかけ］以上のものへと際立ってゆく。つまりここでは、もはや詩篇記者によって聴き取られた言葉のみが関心の中心ではなく、これと大いなる対立をなして、神の真理が悪人の偽りに対置されているのである。もう一度、そして以前よりももっと一層深くわれわれが感じるのは次のことである、つまり、この世代は「偽りを〈語る〉（redend）」からではなく、「偽り〈である〉（seiend）」から、神に対立しているということである。〈あなた〉――詩篇記者は神にこう語りかけるのであるが ―― は、〈あなた〉の言葉を守ってください。〈あなた〉は真理を守ってください。そうすれば〈あなた〉が救いの中に移したいと語っておられる「その人」、つまりわれわれ貧しい者、意気消沈した者のひとりびとりを、「この世の時において（auf Weltzeit）」〔実生活の時のなかで〕偽りの世代から保護することになるでしょう。「この世の時において」とは、われわれの用語（Sprache）でいえば、「永遠において（auf ewig）」ということなのであるが、聖書の用語ははるかに正しい。というのは、ここ〔聖書思想〕ではただ〈人間の世代の将来の歴史〉が問題であるからであり、〈あらゆる歴史や時間を超えた永遠〉が問題ではないからである。(2)

ところで、ではこの比類のない世代が、まさに詩篇作者の同時代人たちが外見上は話題となっているということと、この「この世の時において」ということがいかにして結合されうるかという問いが迫ってきているのである。その答えは次のようであろう。つまり、人類史上の将来の時代にもときどき偽りの世代が再起する恐れがあるということだ。しかし神の言葉は、常に回帰してくるこの偽りの世代に欺かれた者や誘惑された者に対し、その援助を保証するのである。神は真理に身を委ねている者を（den der Wahrheit Ergebenen）、その人を救いの中に置くことによって、神は常に彼を偽りから守るのである。真理は神だけであるが、人間の真理というものもある。この人間の真理は［神の］真理に委ねられている（ergeben sein）ことである。偽りは時間から生まれて、時間の中に呑み込まれ、真理つまり神の真理は永遠から生まれて永遠の中にある。したがって、真理への帰依、即ちわれわれが人間的真理と名付ける真理への帰依は永遠へと与るのである。(3)

注

（1）偽りとは、真理を自覚したうえで、それに反抗している自己を自覚する精神（自己意識）の為す事態である。真理を知らない者は、本当に偽ることもできない。偽りは自己意識が可能な人間のみが、この自然界に惹き起こした不幸な意識である。即自から対自へ、さらに総合へと自己超越して自己脱皮して行く自己意識には、自己実現に伴う自己否定という偽りが不可避である。

（2）永遠の思想は、ギリシア思想伝来の立場とヘブライ思想の立場とは異なっているのであり、前者は時間を超越したところに想定されるのだが、後者では時間のなかに実現することとして理解している。つまり永遠をこの世界時間の外（超越）に永遠を捉えるのではなく、時間のなかの〈今〉に実現しているのであり、この世界の時における神との出会の瞬間が永遠なのである。この世界の否定において永遠世界に関わるのではない。

このような思想的背景から、「この世の時において（Auf Weltzeit）」という訳語の意図を考察しておく。（この用語を受けた詩篇の9節aでは、内容を考慮して、「現世」という訳語を当てている）。ほとんどの内外の翻訳は「永遠に」という意味の表現である（それも削除しているものもある）。そしてブーバー自身は、本文にあるように、その表現が通常の用語としては確認していても、聖書思想的背景からは「この現世の継続する時において」がより正しいであろうという。つまり、神の救いの実現は、プラトンの二世界説におけるような世界の時間を離れた永遠的世界においてではなく、むしろ神の支配する被造世界の時間的経過（時間）における将来的時においてなのである。ユダヤ思想では、生きる世界の構造を認知する枠組みは空間的世界ではなく時間的世界なのであり、時間的世界のなかに生きるがゆえに、救いはこの時間のなかで実現することを期待する。虐げられ抑圧された人々は、時間を超えた幻想（観念）のなかに救いを期待せず、この時間のなかに期待する。それは日常の聖化ということでもある。創造主なる神と被造世界との対話的関係を説くユダヤ思想においては、永遠と時、神と世界（上と下）、彼岸と此岸は、この歴史的時間において結ばれるべきものである。神の業は世界の外において（観念論）ではなく、また世界に埋もれたところにおいて（唯物論）でもなく、神と人が出会う場でなされる。時間の中に永遠が実現して来た（過去）のであり、来ている（現在）のであり、来る（将来）のである。このような意味をこめて、「この世の時において」と表現したのである。「訳者解説」参照。さらに、拙著『ブーバーの人間学』第3部第6章「人間と歴史」参照。
(3) 神の永遠的真理は永遠に存在し、人間はそれに与ることで人間的真理を生き、神に守られ、その救いのなかに置かれる。偽りは時の中で発生し、時とともに消失する。だから偽る者は滅びへと呑み込まれるといわれるのである。

Ⅱ　裂け目——詩篇14篇

詩篇14篇

聖歌隊の指揮者のために、ダビデによる

1 むなしき者は心のなかで言う
「神なんていない！」と。
彼らの風紀は滅び、恐るべきものになっている、
善を行なう者はもはやだれもいない。

2 天より神は見下ろした
アダムの子孫たちを、

神さまを尋ねもとめる者が、
理解する者がいるかどうかを見るために

3 すべてのものは道を逸れ、
彼らは共に腐れかかっている、
善をなす者はもはやだれもいない、
もはやただ一人さえもいない！

4 このことを知らなかったのだろうか、
悪を働くすべてのものは、
彼らはわたしの民族を食らう、
彼らはパンを食らうように、
そのために、神さま（IHM）をひとは呼び求めることができない！

5 そこで、彼らは驚きとともに恐れをいだいた
神さまは守られた民の中に居られるからだ。
6 「屈服させられたもの（Gebeugten）への忠告を
あなたはだめにしたのだ！」
そうだ、神さま（ER）は屈服させられた者の避難所だ。
7 だれがシオンから
イスラエルの解放を来たらすのか！
神さま（ER）が帰らせるときに
民が回帰するときに、
ヤコブは歓呼するだろう、
イスラエルは喜ぶだろう。

もしわれわれがこの詩篇をただ軽く読み過ごすならば、この詩篇はある人には（個々の不明な

箇所は度外視するとしても）全く簡単なことが述べられているように思われるだろう。つまり語る者は——そのようにわれわれは考えるのだが——イスラエルと諸民族とについて語っているのであると。諸民族は「虚しく」そして神を失っており、諸民族の風紀は「滅びつつ」あり、「恐るべきもの」である。諸民族のもとでは、何度も繰り返されているように、善をなす者はひとりもなく、神が人間に望んでいるものを理解する者はひとりもいない。神と神の支配を問いただす者はひとりもいない。すべて彼らは、その創造において望まれた根源的な人間性に背いている。彼らの全体が悪くなった食物のように「腐っている」。これに対して、悪事をはたらく者の集団によって「屈服させられ」「衰弱させられた」イスラエルの民は、多分「信頼すべき民族」と特徴づけられている。このイスラエル民族の避難所は神なのである。そしてこの民族を神は他の民族より「解放し」、その神の将来の栄光の中で回復するであろう。この詩篇を次のように解するものは、ユダヤ人の間では少なからずいる。つまり、この詩篇はユダヤ民族が、その歴史上の人間の世界の中で現在占めており、また過去占めていた位置について、——この大雑把な総括においては——確かに、不公正ではあるが、しかしながら真実を含んだ叙述であると。われわれの世代においては、これ以上に理解しやすいものはないし、またこれ以上に時代錯誤のものはないともいえよう。

詩篇の中でも、また聖書のどこでも、もしここで用いられている一般的な表現を用いるならば、その「むなしい者（der Nichtige）」とはユダヤ人と区別された異教徒が意味されているのではない。また「アダムの子孫［人の子］」という表示はイスラエルに対立する外国の諸民族を指示しているのでもない。ここで話題になっている人間たちはいつも端的にこの世界の人間たちであるとともにまた、聖書を語っている者の故郷である小さな国（イスラエル）の人間たちでもあるのだ。それにもかかわらず、ある憐れむべき自己義認は、神——天より地を見下ろして、神を尋ね求める唯ひとりの人間をも見守る神——の像を次のように理解するようになっている。つまり主はすべてのユダヤ人に満足し、ユダヤ人のもとでは何ひとつ検閲する必要はないが、これに対して諸民族はそうした光芒を引き立てるためのまさに暗い目立たぬもの（Folie金属の箔）となるだろう。だから、その場合には、神への告白を決定的な徴として取り出すことは全く必要ではない。エレミヤのように、本質的に聖書の語り手であるすべての者は「審判者（Prüfern）」として任じられていて、この審判者はどの程度〈荘重な口での告白〉が個人の生活の現実の中に浸透しているかを取り調べるのである。審判者たちのうち誰ひとりとして、神についてお喋べりする者や神に背を向けて生きるユダヤ人が、神について黙して神に従って生きている者よりもすぐれていると認めるものはいないだろう。

しかしそこで直ちに異義が挟まれる。だが詩篇作者はまさに悪行者が民を衰弱させていること、したがって悪行者がこの民の外に立っていることで、明らかに悪行者を咎めているのであると。事実そうである。しかし詩篇作者が「彼の民」（3節）と呼ぶのは、イスラエルという名称を有する民のほんの一部分である。それは信頼すべき者たちであると同時に迫害されている者たちをも含む部分である。だが、〈他の部分つまり信頼すべき者を歪めてしまうような虚しき者たち、転落した者たち〉を詩篇作者は決してもはや自分の民に数えない。だから、ここで、真の民である聖なる残れる者という構想（Konzeption）は、すなわち来たりつつあるものへと向けられた預言者的な構想は、現在［の状況］を考察することのただ中で結晶したものである。しかしまた、他の者つまり「腐敗したもの（Angefaulten）」への一瞥もまた預言者的［な構想］である。そのように全体として聖なる残れる者そのものを認識しているその同じイザヤが、イスラエルの堕落へと転落した大きな部分をも見ている。無論、イザヤにとっては、その彼らも「この民」であり、この残れる者は［その中にあって］まさにこの「残れる者（Rest）」であった。詩篇作者にとっては、信頼できる民とは本来的な民つまり神の民であり、他の者たちはまさに〈よそ者〉である。しかし、状況によれば〈よそ者〉は非常に多いので、詩篇作者にとって彼らは「すべて」［に含まれているよう］に見えるのである。堕落したものの転落（Abfall der Verderbten）はイスラエルの崩壊を意味する。見かけによれば、イスラエルは唯ひとつの民として現われているが、実質的にはづたづたに引き裂かれているのである。だが、［同じ民族のなかでこのように別れた］二つのなかで、一方だけがまだなお〈真の民〉と呼ばれていて、〈真の有機体〉と呼ばれている。他方のものは、解体した細胞組織、腐敗した民族の実体そのものである。

詩篇作者は二つに分裂したイスラエルを描いている。そこには、一方では迫害者たちがいて、また他方ではそこに迫害されている者たちがいる。そこには高慢な者がおり、また謙遜な者がいる、前者は心のなかで「神はいない」と呟く。彼等は声高にそういうのではない。そのことは心［内的な思い］が唇へと［言動へと］ほとばしり出ないだけなのである。［実に］彼らは唇では神を告白しているのだ。確かに、心の中では彼らはそうすることによって神の実存に異論を唱えようとはしたくないのである。ただ神は人間が地上で行なうことを気に掛けもしないので、それが神は存在するはずがないという理由なのだ！　だが、神はその被造者がなすことを見張っていることは真実である。いかに人間が人間を「食い尽くしている」かを神は見ている。そしてそれは――そのゆえにわれわれは最も早くからわれわれの前にある難しいテキスト［4節、5節］を理解することができるのだが――「神のパン」（レビ記21章6節）といわれている動物の犠牲のような、ある食事――［この食事は］神の名を呼び出すこと［神名において祈ること］が許されている食事――のことではない。詩篇作者は預言者の幻想（Vision）のなかで、来たりつつあることを直観する。［来りつつあることとは、］くりかえし背教者たちは獲物の上に襲いかかるが、しかしそこでその驚きのなかで、背教者たちは震えあがるということである。同様なことは――詩篇53篇のもう少し長い読み方で語られているように――いまだかつて存在してなかった。その上に、背教者の恣意にまかせることを考えている人たちのただ中に、神の現存が現われるのである。背教者が考えている〈まさにその神の現存（Gegenwart）〉とは、神は人間の活動から遠ざかっていることであるが、神は本当は圧迫された者たちの隠れ家であり、神の告知は彼らに対して響きわっているのである。

この点において、預言者的詩篇作者はその救世主（メシア）を求める祈りと救世主の約束を結びつけている。イスラエルの解放とその救済は「シオン」のみからやってくる。そしてこの「シオンから」を場所的に理解することは何ら意味がない。〈イスラエルの国に満たされている義しさ〉という意味のシオンでなければならない。今や、真の神の民となった「残りのもの」にとって、大きな曲がり角が迫っている。

私のような後世の詩篇解釈者は、詩篇作者のようにイスラエルを単純に二分割することはできない。それは、後世の詩篇解釈者が人間世界をそのように二分割することができないのと同様である。詩篇解釈者は、迫害する者と迫害される者との間の裂目（Riß）が、神に忠実な構成分子と背教者の構成分子の間の裂け目が、すべての〈民族〉を貫通しているだけでなく、民族におけるすべての〈集団〉を貫通して、確かにすべての〈魂〉を貫通して開かれているのを見るのである。やはり、今なお大いなる危機の時代には、民族の秘密に満ちた裂目は明らかになってくる。

Ⅲ 審判者を審判する——詩篇82篇

詩篇82篇

アサフの竪琴歌

1　神さまは、神の集いに立ち、
神々の囲いのなかで審きを行なう。
2　「いつまであなたがたは誤った審きをするのか、
悪人の顔をあがめるのか！」
（上に高く！）
3　「弱い者や孤児のために訴訟をおこし、
意気消沈した者や貧しい者の真実を証言し、

4 弱いもの、貧窮な者を逃れさせ、
悪人の手から救え！」

5 神々はこのことを知りもしなければ、注意さえむけない、
暗がりのなかで彼らはよろめき歩く。
この世のあらゆる根底が揺れ動き、

6 「私自らが語った、
《あなた方は神々である、
あなた方すべてが至高なものの子孫だ！》

7 だが人間と同じにあなた方は死なねばならない、
支配者たちのだれかと同じように転落せざるをえない。」

8 神さま、あなたが立ち上がってください、
この世を審いてください！

あなたはご自分のものにすることできるのですから、
この世のすべての人を。

私の人生経験が深まってゆくにつれて、私はこのさまざまに解釈されてきている詩篇を、だがまた究極的には非常に明解な詩篇を理解することをよりいっそう根本的に学んだ。もちろん、この詩篇は他の詩篇よりもいっそうそれ自体として考察されることを望んでいるだろう。

まず、われわれはこの詩篇の構成――すばらしく厳密で正確にそれ自身で調和を保っている構成（in sichstimmende Aufbau）――を展望しなければならない。

この構成は、この詩篇が、大部分のものがそうであるように、なんらかの感情を表現しているのではなくて、ひとつの――想像した、あるいは空想した――出来事を叙述しているということによって決まっている。この出来事の中に、神の二つの語りかけがある。つまり出来事が二つの異なった段階で語られているということである。神の語りかけは詩篇作者の言葉の中にはめこまれている。第一の言葉〔1節―4節〕は、出来事の状況を指示しており、第二の言葉〔5節―7節〕は、その第1段階から第2段階へと導いており、ところが第三の言葉〔8節〕は、それでもってこの詩篇は終結するのであるが、この観察された出来事を離れ去って、いわばそれに従いながらも、その中において行動している神に直接に呼び掛けているのである。

問題となっているもの、それは今度もまた幾度も繰り返されている主要な言葉によって主張されている。それらには五つあって、二つの第一次的なものは4回から5回、三つの第二次的なものはただ2回反復されている。第一次的なものとは、「神（Gott）、神的存在者たち（Gottwesen神々）」「裁く（richten）、争う（rechten）、審判（Gericht）」である。神はここで神的存在者たちを審くのであり、しかも神的存在者たちの審判について審くのである。第二次的な主要な言葉とは、「地上界（Erdereich）」「弱者たち（Schwache）」「邪悪な人たち（Frevler）」である。つまり天国が問題となっているのでなく、地上界が、人間の地上界が問題となっているのである。そして、人間の世界の中では、弱き者、抑圧された者、貧しき者、貧窮な者——この同義の言葉が、本質的なもの［事柄の最も核心にあるもの］の補強に役立つのだが——が問題となっているのである。——邪悪な人たちに対向して、神々の正義が彼らの上に起こるようにということが問題となっているのである。神は「神々」を裁く——この「神々」はここでは複数としてのエロヒームという言葉を意味している——、なぜならば、神々はその裁く働きにおいて地上の弱者たちに、その正義をもたらさないからである。

詩篇がそれでもって始めている観察された状況の描写は、次のようなものである。神が、「集団（Gemeinde）」を、もっと厳密にいえば、申し合わせによってか、あるいは召集によって――ここでは後者によってであるが――集められた存在者の「共同体（Gemeinschaft）」を「支配している」のである。そのように、サムエル（サムエル記上19章20節）は聖歌隊の指揮者として、彼に伴われた告知者たちの楽隊を支配したのである。ただ、サムエルを取り囲んで――われわれが今日修道僧の一団のもとにみるように――地上にうづくまっている者たちに対して、「サムエルが」毅然として立っていることが強調されているばかりだ。ところが詩篇の描写における神は、明らかに、広場のなかで彼を取り囲んでいる者たちを凌駕している。さらには神の統括〔Vorstehen支配〕そのことが、ひとつの審判することを意味している。集会は神によって召集され、神はその召集されたものを裁くのである。しかし召集された者たちとは誰なのか。彼らの共同体はまずなによりも「エル」－共同体（El-Gemeinschaft）として、神の力－共同体（Gottmacht-Gemeinschaft）として表示される。すなわちそれは〈神的な根源の力が授けられている存在者の共同体〉として、つまり〈唯一の力の授与者としての神の力が授与された存在者の共同体〉として表示される。このようにして、共同体の威厳が生ずる根源である神の活力（Gottesdynamik）を指し示すために、聖書的には、圧倒する山々が語られ、そのようにして恒星が語られるのである。そこから、かの存在者たちそのものが「神的存在者（Gottwesen）たち」（本来的には「神々（Götter）」）と呼ばれるのである。これを人間的職権についての比喩的表示として理解しないということは、神々が「人間のように死なねばならぬ」（6節）と「神々」に判決を下す次の第二番目の神の語りかけ［参照、6節－7節］から十分にありうることである。かの神々の在り方と働きとを捉えるためには、われわれは聖書的宗教と民族史との対決における唯一の転回点をありありと描き出さねばならない。

最古の文書予言者たちは、［イスラエル民族以外の他民族について］次のような事実に向かい合うことになる。つまり他の民族がイスラエルのように、放浪と移住についての類似した伝統を所有していること、またこの諸民族のすべてが、その先祖伝来の神、種族の神――そのもとで、種族あるいは種族の集団が民族へと成長し、民族史のなかに踏み入ったのであるが――をかの行軍（移動）の指揮者として崇めているという事実に向かい合ったのである。これは預言者たちが始めた問いであるのだが、――この伝統［放浪と移住］はイスラエルの「選び」という根本的事実といかにして調和するであろうか。その根本的事実とは、諸民族を圧するヤハウェの支配権（Souveränität）── この支配権によってヤハウェは「選び（Erwählung）」を行なうのだが ── を前提とすることである。われわれは［この問いに対して］預言者の応答を、かのアモスの言葉（アモス書9章7節）── これによるとイスラエルのように他の民族をもまた、その歴史を形成してゆく放浪と移住の行軍へと導くのがヤハウェであるというのであるが ── に見ることができる。これについては、アモスはもちろんイスラエルのみに〈直接的な関わりに値する価値〉を認めるのであるが（参照、同3章2節）。それでもって、あらゆる民族の神々は、真の民族解放者やイスラエルが忠誠を誓う歴史の主の変装者あるいは風刺画（Masken oder Zerrbilder）として特徴づけられたのである。

ところが、しかし、歴史の経験は、この信仰の排他性（Glaubens exklusivität）に反対する。したがって、イスラエルがその神との関係において真実の結びつきの忠誠を尽くすときでも、しばしば繰り返し隣接する諸民族 ── かつてまさにヤハウェ〔JHWH〕自身によってここまで導かれてきた諸民族 ── が戦争においてそのイスラエルを貶《けな》しているのである。これは次のような経験である。つまり、特に、ヨシュアの下では大きな疑わしい問い（Zweifelsfragen）［イスラエル民族の神は忠誠を尽くす民族に勝利をもたらすのかという問い」へと導き、それに続いて非常に多様な答え［一貫性も確信もない答え］を呼び出すような経験である。こうしたこと〈答え〉のなかのひとつは、次のようなものである。自立した実存とそのことによる自立した歴史上の行為とが国家の神々に帰属するのであり、したがってわれわれは〈契約に対して真実なイスラエル〉の敗北をそうした神々のせいにすることができるというのである［こうした見解は諸民族の神とイスラエルのヤハウェ神とを同次元において理解しているところから生まれている］。だが、その歴史の支配は、時折、国家の神々すべてを貫徹して凌駕するヤハウェの力によって制約されていたのである。このヤハウェの力は、最終的審判でのみ決定されるのである。こうした理解に関する注目に価する証言は、おそらくコシュア時代に由来する〈アモン人の王に対するエフタの報告（士師記11章）のテキスト〉である。

第一に、エフタはアモン人の王に次のように申し出ている。二つの民族のいずれに対してもそれぞれ神によって割り当てられた領域の限界は、他の民族によって尊重されるべきである、と。ヤハウェはそれ故に、他の国家の神々と同じ平面においてみられていることになる。しかしもしこうした見解が［イスラエル民族の中で］承認されていない場合には、したがってその時に、その報告は「ヤハウェ審判者よ、今日、イスラエル人の子孫とアモン人の子孫との間を裁いてください！」と続くのだ。そこで、イスラエルの神は、諸民族の神々のもとにおけるひとつの神ではもはやなく、諸民族のすべてを凌駕する君主であり、この君主には犯すことができないほど権限が与えられていて、諸民族の神々のなかで、その時どれが正しく、どれが正しくないかを決断するのである。そしてまた、その決断に応じて判決を下し、そして民族の歴史を決定するのである。実に、まさしく審判者である。この報告の経過において、われわれは相対的な歴史の力の領域から、絶対的な歴史の力の領域へと移されるのである。

ここから、ダニエル書の〈歴史の展望（Geschichtsperspektive）〉へとひとつの道が通っている。そこでは、どの国土も、民族も、王なる天使によって代表されていて、ペルシアやギリシアと同様にイスラエルもまた自分の天使をもち、諸民族の世界の主［ヤハウェ＝絶対的超越的神］への直接性を失っていた。確かに歴史を展望するこの道への最も重要な宿駅はわれわれの詩篇であると言える。

天上の諸民族の王たちについての審判を行なうために、審判者なる神が、神に呼び出されたそれらの集会のなかに登場した。こうしたことは、神が預言者の幻（参照、列王記上22章19節）のなかで、最高の栄誉を身にまとい、宇宙的な諸力によって、人間なる支配者たちを愚かな歴史的行為へと誘うことを委ねられたというような、天上の君主たちの宇宙的な規模の社会（Kreis）ということではない。召集された力ある者［権力者］たちは、宇宙的な仕方で〔自然の秩序・摂理として〕存在するのではなく、われわれがそれをダニエルから知るように、歴史的な仕方で〔人為的な判断によって〕存在するのである。このことは、最高の神の語りかけからはっきりしてくる。彼ら権力者に委ねられた中心的な機能は、地上の国を審判することであり、明らかにこの召集された権力者たちは地上の国を普く審判する必要はなく、むしろこの国が彼らのもとで［彼らの個別の国に］分割されるのである。つまり彼らのそれぞれに固有の国土と民が割り当てられるということである。それらのおのおのが、神の国家保持者であり、明らかに初期イスラエルの「士師たち」のように、外的にも内的にも自分の民のために権利を得るように呼び出されている。外面的には、彼らはそのすべてが職務を誠実に処理し、そしてそれぞれが自分の民の事柄を、それが公正な事柄であるかぎり十分に主張してもよかろう。なぜならば、神はそのことについて語ってはいないからである。神が彼ら［諸国の王］すべてを一緒に告訴するゆえんは内面的な不正である。もっと厳密に言えば、社会的な不正に対する拒絶である。彼らには〈抑圧者に対して力なきもの、逃れる場所なきもの〉を助けて、その権利を得させるようにという命令が与えられているにもかかわらず、それに代わって彼らは抑圧者が力を持っているがゆえに、この抑圧者に彼が熱望するものを与えてしまっていた。

ここで神の口から響きわたるものは、神話の中に翻訳されているのだが、イスラエルの王たちへの預言者の要求とこの王たちへの預言者による告発である。王国時代のはじめから預言者たちは王たちの塗油（Salbung）を、神の国家保持として、正義の国を建立するという委託の秘蹟的確証として理解した。詩篇作者たちはこの事実にひとつの人格的な表現を与えた。詩篇作者は王に次のように話かけた、「あなたは、正義を愛し、悪を憎み給う、それゆえ神は、あなたの神は、あなたに油そそがれる……」（45篇8節）と。詩篇記者は神に願う、〈神の法律慣例を王に授けてくれるように〉と（詩篇72篇1節以下）、それによって王が民を正義に則って支配するようにと。「貧しき者」を救済する神の正義が、ここでは神の正義についてそれ以外で語られているのと同じ言葉で述べられている。つまり、「王に与えられた」代理人的機能は、まずなによりも、この世界の主を模倣することを意味している。神の正義を地上の代表者は明らかにしなければならない。もし地上の代理人がそうすることを拒絶するならば、彼はその職分［使命］にふさわしくなくなり、そしてもし彼がその民に外面上の権力を行使する［振り回す］ならば、彼は「投げ捨てられる（verworfen）」であろう。なぜなら、預言者の洞察はこう教えているからである。つまり「人間の共同体はただ、それが人間の真の共同体となる程度にしたがって真に存在しうるのである」と。

イスラエルを支配する王のように、この詩篇では神は中間的存在者たち（Zwischenwesen）に――ここでは『神々』と他のところでは『神の子供たち』と呼ばれているが――地上の諸民族を管理させた。世界の審判の正義をその構造と支配のなかで表明するために、それぞれ〈中間的存在者たち〉に諸民族のひとつを管理させた。そして最初の語りかけのなかで、神は中間的存在者たちを告発する。つまり中間的存在者たちは神の秩序や指令にしたがってではなく、偽り者や暴力者のようなやり方で裁いていると告発されたのである。中間的存在者たちが、自らに与えられた全権でもって悪を無力化することをしないで、そのかわりに彼らの権力でもって〈神の正義に反して悪を働く権力者〉を是認し保証したからであると告発されたのである。しかし中間的存在者には密かな猶予（geheime Frist）が認められていて、告発のあとに忠告が続いているのである。もう一度、中間的存在者に、その任務の何であるかが次のように語られる。その審判は、弱き者にとっての権利でなければならぬ。中間的存在者にとっては〈屈服させられた者〉の善き事柄（Sache）を世界に向かって主張することが義務である。彼らは高慢な迫害者から迫害された者たちを救う［護る］べきなのであると。

今やしかし恐るべきことが起こっている。国家の所有者たち［神々＝中間的存在者たち］が支配者［神］の忠告に決して服従していないということだ。この出来事つまり天使たちの消極的な反乱を、われわれは詩篇作者の〈仲介する発言（Zwischenspruch）〉の形で知るのである。だが詩篇記者は、いわば〈天使たちが従うことを拒絶している〉とは言ってない。むしろ詩篇作者は「国家の所有者たちは［正と不正を］区別することを認識（erkennen）もせず、知り（wissen）もしない」といっているのだ。彼らは神の言葉をその本質やその意図において理解していないということ、つまりわれわれの概念的な言語に翻訳していえば、〈彼ら［国家の所有者たち］は、人類の歴史を自然史の継続として導こうとしているし、人間の道は、生物の変わらない慣例（Gepflogenheiten）によって規定されるという妄想（Wahn）を放棄しないようにしている〉ということである。この妄想［人間の自由な精神による歴史を自然的生命現象の法則によって因果的に展開する自然史と同次元で解釈する］は、彼らにとっては彼らの自画自賛を可能にするところのものである。ただ、彼らは自らを生命的力としてのみ理解し、人間の世界のなかで優越したものと考える。――ただ、彼らが神の正義の管轄権を認知しているように、彼らはかろうじて〈支配する従者（臣民）〉に過ぎないのである。妄想のこの「暗黒化」のなかで、中間的存在者たちは［真の神の］審判の言葉のもとであちこちへと動き回り、それを無視している。

そこで神は彼らに裁きを語る。しかも、神は裁きを次のように語る。「地上のあらゆる根拠がぐらつく」と。なぜならば、神のもとには審判と執行との間にいかなる区別もないからである。審判とは神性の剥奪ということである。神は不従順なもの（Widerspenstigen）に語った、「かつては、私はあなた方にこう語りかけた。神的存在者（Gottweswn）、神の子供たち（Gottessöhne）であると、そしてまた私と共に私の永遠性のもとで生きる」と。しかし今や、あなた方は人間の王侯のように、私の正義［を実現せよ］の命令を拒んだので、私は人間の死をあなた方に与える。

ここで、神の語りは終わり ――「神々」のほのめかされた没落でもって ――、詩篇作者がその観点からわれわれに報告しなければならなかった出来事が終わった。しかし、その活動［進行、道］は決して終結ではない。むしろ、本来の詩篇が今やっとはじめて、ほんのわずかの言葉だけを把握しつつ、だが今なお語るべきすべてのことを語りつつ、鳴り響き始めたのである。語り手は、われわれから眼を転じて神へと向かう。語り手は神に向かって次のように語りかける。

「私の観点から、いかにしてあなたがあなたの不従順な代理人が歴史を支配することを否定したかを私は見た。それは本当です、主よ！　審判という職務をあなたから任命された人々が不正なものに屈したのだから、あなたは中間世界の支配者を廃棄してください、無能な下働きを放棄してください。あなたの正義のもとで直接にあなた自身がこの地上を裁いてくださ い。この民はあなたのものです、どうぞこの民をあなたのものとして導いてください！　幻想と邪悪（Wahn und Frevel）に転落した人間の歴史を閉じてください！　人間の本来の歴史を開いてください！」

現代のユダヤ人F・カフカ〔Franz Kafka, 1883 - 1924〕は、その作品によって、この詩篇の諸前提に関する注解を書いた。私は言いたい、「詩篇そのものについての注解ではなく、詩篇の諸前提についての注解である」と。カフカは「人間の世界」を「中間存在者に引き渡された世界」として描いた。この中間存在者たちによって人間の世界はその荒れ果てた戯れに駆り立てられているのだ。この世界を神々〔中間的存在者〕の不純なる手に与えた〈いつまでも知られざるままに留まる者〉〈真の神〉からは、いかなる慰めの恵みも、いかなる約束を与える恵みもわれわれには届かないのである。彼は存在する、しかし彼は現存しない（Er ist ,aber er ist nicht da)。

現代の人間としてのカフカの観察のなかに含まれているものは、この詩篇の中にある。

注

(1)この箇所は真の神への信仰とイスラエル民族史における政治的闘争との対決を指示しているといえよう。

Ⅳ 心は決断する——詩篇73篇

詩篇73篇

アサフの竪琴歌

1 確かに、神さまはイスラエルに、
心の清らかな者に恵み深い（gut、tōb）
2 けれども私はやはり取るに足りない者です、
だから、私の歩みは脇へとそれてしまい、
虚しい（Nichts）のです、私の歩みは躓きます。
3 邪悪なもの（Frevler）が安泰であるのを見たとき、
私はその自慢屋たちを妬みました、

4 彼らには胸を締めつけるようないかなる不安もなく、
彼らの腹は健やかで、太っています。
5 彼らには人間の苦しみがなく、
彼らは、人々と一緒になって苦しみに会うこともありません。
6 だから、虚栄が彼らの装身具になり、
不法が装飾として、彼らに捲きついています。
7 脂肪のなかから、彼らの眼は飛び出し、
その心の幻想が彼方へと彷徨いでています。
8 彼らは悪（Böse）をもって嘲りを語り、
高処から圧政を語ります。
9 彼らは口を天に置き、
その舌は地上をなめつくしています。
10 だから、このようなことを言う、
「神よ、民をただ再びここに導きかえせ、

彼らは水を十分にすすることができる！」と。
11 そこで彼らは言う、
「神はどうしてこのことを知りえようか！
高き者に〈知恵〉があろうか！」と。
12 そこにはただこのような人たちがいるだけだ、
邪悪な人たちが、時間の中で
満足しきっていて、
彼らは権力を握っています。
13 ただいたずらにむなしく、
私は心を清めた、
私が責められることがないように両手を洗いました。
14 だが、終日、悩まされた、
朝ごとに、私には懲罰が下った。
15 もし私がこう言ったなら、

「私はありのままを語り告げよう」と。
そのとき私はあなたの子孫の世代を
裏切ることになるだろう。
16 だが私がこのことを知ろうと思ったとき、
そのことは私の眼には苦痛でした。
17 私が神さまの聖所に行き、
その人たちのその後に起こったことに
心を留めるまでは。
18 あなたは彼らを滑りやすいところばかりに置かれたことを。
不意打ちで、あなたは彼らを滅ぼされたことを。
19 なんと彼らは一瞬のうちにこわばって、
恐怖のあまり、死へと滅んだことか。
20 わが主よ、目覚めた後の夢のように、
あなたが活動されるとき、あなたは彼らの影像をさげすまれます。

21 私の心が沸き立っていた（aufgären）とき、
私は腎臓にまで達するほどに［自分を］切り裂きました、
22 私は愚かでまだ悟ることがなかった、
私はあなたのもとで（bei dir）獣にひとしかった。
23 けれども私は常に（stets）あなたのもとに（bei dir）留まり、
私の右手を、あなたはつかまえてくださいました。
24 あなたは忠告でもって、私を導き、
そのあとで、あなたは私を栄光の中へと取り去ってくださいます。
25 いったい［あなたの外に］誰を天に持ち得ましょう。
確かに、あなたのもとにあって（bei dir）、
私には地上に何の歓びもありません。
26 私の身と心は滅びます、
私の心の岩、私の分け前である神さまは、時の中に留まっておられます。

27 確かに、だから、あなたに遠い者たちは道に迷い、
あなたを偶像崇拝するすべての人に、あなたは沈黙されます。
28 しかし私が（ich aber）、神さまに近いことは私には善いことです、
私の主のもとに、あなたに！　私は救いを定めました。
あなたのあらゆる働きを語り続けます。

今日もまた、私はこの詩篇に戻ってきた。この詩篇は私がかつてF・ローゼンツヴァイク（Franz Rosenzweig, 1886 - 1929）の遺志に従って、彼の埋葬のときに語ったものである。だが、叙述、報告、告白といったものから編集されたこの詩（Gedicht）に私をそのように惹き付け、私が年令を重ねるにつれて、より一層惹き付けるものは一体何であろうか。私はこう思う、すなわちその理由は、ここには人間がいかにしてその人生経験の真の意味に到達しえたかということが報告されていること、そしてこの意味が直接に永遠なるものに触れていることであると。
われわれは世界との関わりにおいて得た最も重要な経験のほとんどを、ただし少しづつではあるが、理解することを学びたい。まずはじめに、この経験がわれわれに提供すると思われるもの

を引き受けて（hinnehmen）、その後でそれを表現して、「直観（Anschauung）」へと織り込む（verweben）ことである。そうすることによってはじめて、われわれは世界を感得することになると思う。けれども、この直観によって直観されたものはただの現象（Schein）であることは明らかである。だが、われわれの諸経験がわれわれを欺いているということではない。ただ、われわれはその経験の根本（Grund）を探求することなしに、それをただ利用してきたということである。一体何が、それらの経験の根本を探求することをわれわれに教えるのであろうか。実にそれはより深い経験〔日常的な経験から生の基礎が揺らぐような実存的経験へ、さらにこれを経由して超越的なる次元に心が開かれる宗教的経験へと深まってゆく〕である。

この詩篇で語っている人間は、人間がいろいろな経験のなかで、いかにしてある重要な類型の根本を究めるかをわれわれに報告している。その類型とは良くない者（Schlecht）が栄えるということを語っている諸経験でもある。

ここではだから、表面的には〈なぜ善人はうまくゆかないのか（warum es den Guten schlecht gehe）〉というヨブの本来的な問いかけが問題ではなく、むしろ「なにゆえに邪悪な人（Frevler）の道は栄えるのか？」というヨブの本来的な問いの中核部分が問題なのである。この中核部分の問いは、エレミアにおいて最初にして最も厳密に語られている。ところが「すぐにこの課題に応答することをしないで」、この詩篇は〈その報告に先だって前置きされた文章〉でもって始まっている。だからそれを正しく考察するならば、この文章のなかにわれわれは、ヨブの問いが隠されているのを発見するだろう。

詩篇のプロローグであるその文章はこう綴られている。

確かに、神さまはイスラエルに、
心の清らかな者に恵み深い（1節）

むろんここでは、個人の幸・不幸が問題ではなく、むしろイスラエルの幸・不幸が問題であった。もっともヨブの語りかけの背後にある経験は、確かに多くの語りかけに明らかに見られるように、それ自身はけっしていかなる個人的なものではなく、むしろ崩壊――この崩壊はバビロニアへの追放へと導いたのであるが――とその発端におけるイスラエルの苦悩の経験であった。確かに、個人の苦悩の深みを測った者のみがそのように語りえたが、その者とはその厳しい緊急の事態にあるイスラエル出身の人間であった。個人の苦しみの中にイスラエルの苦しみが凝縮されているのである。したがって、彼［ヨブ］は今や苦悩せざるをえないものをイスラエルの苦しみとして苦しみぬいた。真実なる人格の運命に民族の運命は含まれ、それが今や初めて真に明白となる。

だから個人の運命について語らねばならない詩篇作者もまた、イスラエルの運命をもって始めたのである。その導入部分にある文章の背後には、「なぜイスラエルはうまくゆかないのか？（warum geht es Israel schlecht)」という疑問がある。そこで詩篇作者はまず初めにこう答える。「だが、そうではない。神はイスラエルに恵み深い」と。しかし、その場合、詩篇作者は説明しながらこう付け加える、つまり「心（Herzen）の清らかな人には」と。

このことは一見して次のようなことを意味しているように思われる。つまり、イスラエルのなかで不純な者たちに対して神は恵み深くないが、神はイスラエルのなかで［心の］純粋な者たちには恵み深い、この純粋な者たちは「聖なる残りの者（heilige Rest)」であり、真実のイスラエルであり、この者たちに神は恵み深いと。だがしかし、確かに、このことは結果として次のような主張となる、つまり〈残りの者にはうまくゆく〉が、上記のような問い［なぜ義人はうまくゆかないのか、なぜ悪人が栄えるのか」を発する者は〈イスラエル——ここには残りの部分は確かに取り除かれてはいない［心の純粋なものも不純なものも含んだイスラエル全体」——がうまくゆかない〉という経験から出発したのだということである。そのように理解されるならば、この答え［〈神はイスラエルに恵み深い〉」は答えになっていないだろう。

われわれはこの文章のなかにより深く分け入ってゆかなくてはならない。問いかけている者は、〈イスラエルはうまく行ってない〉という事実から推論している。だから、〈神はイスラエルに恵み深くない〉となるのである。反対に、心の清らかでない者だけがそのように推し測るのである。確かに、心の清らかな者、心が清らかになる者は、全くそのようには推し測ることはできない。なぜならば、心の清らかな者は神が彼に恵み深いことを経験的に知っているからである。しかし、それでもって、いわば神が彼に慈悲をもって報いる［地上の善きことをもって報いる」ということを意味してはいない。そうではなくて、心に清らかな者には神の慈悲が啓示され［神に護られて導かれて来たという経験」、彼はそれを体験しているということである。イスラエルの心が清らかであるかぎり、また清くなるかぎり、イスラエルは神の慈悲を体験するのである。

それゆえに、本質的な分割線は、〈罪を犯す人たち（die sündigen Menschen）〉と〈罪を犯さない人たち（die unsündigen Menschen）〉との間にではなく、〈心の清らかな者（der am Herzen Lautern）〉と〈心の清くない者（der am Herzen Unlautern）〉との間にのみ引かれる。〈心の清らかな罪人〉もまた神の慈悲を経験する。なぜならば神の慈悲はその罪人にも啓示されるからである。イスラエルがその心を清める程度に従って、神がイスラエルに恵み深いことをイスラエルは経験する。

ここから詩篇のなかで「邪悪な人たち（Frevler）」について語られていることのすべてを理解しなければならない。邪悪な者とは心の不純さに意志的に固執する者である。

心の本質的状態とは、ある人が神の慈悲を経験できる真理［真実］のもとにあるか、あるいは仮象［虚構］のもとにあるかを決断するところにある。この仮象のもとでは、ある人には「うまくゆかない」という事実が、〈神はその人に恵み深くない〉という幻像と取り違えられているのである。

決断するのは心の本質状態である。だから、「心」（Herz）はこの詩篇では支配的な言葉であり六回反復されている。

そしていまやこの前置きで述べられた根本的命題のあとに、人生経験の誤った道（Irrweg）について語り手は述べ始めるのである。

語り手が日毎に邪悪な人たちの繁栄を見て、彼らの自慢話を聴いたことが、語り手を絶望的な不信仰の深淵へと導き、生きた神つまり〈この人生の中へと働いている神〉をもはや信じることができないという深淵の近くへと導いたのである。「けれども私はやはり取るに足りない者です、私の足は脇へとそれてしまい、虚しいのです。私の歩みは躓くばかりです」（1節）。語り手は「邪悪な人たち」のその特権的地位を妬むところまで転落してしまった。彼が感じているのは羨望（Neid）ではない。それは嫉妬（Eifersucht）である。邪悪な人たちが――まさに彼らが！――神によってははっきりと依怙贔屓《えこひいき》されているという嫉《ねた》みである。邪悪な人たちがそうであることは、彼らが運命に対して守られていることとして語り手には明らかになったのだ。邪悪な人たちには、他のすべての人たちにとってと同じように、人間を強制し制約する運命の「しめつけ（Beklemmungen）」は存在しない。[1]「邪悪な人たちには人間としての苦しみがなかった」（5節a）。邪悪な人たちは、言うまでもなくすべてのものを凌駕し、邪悪な人たちの「健やかでよく肥った腹」（4節a）でもって高慢に振る舞うように企んでいる。われわれが、脂肪のために眼球が飛び出ている彼らの眼を見やるとき、われわれは「心の幻想」（7節b）つまり邪悪な人たちの傲慢と残酷さの願望像がその上を飛び交うのを見る。共同的世界（mitmenschliche Welt）への彼らの関係は、高慢（Hoffart）、悪意（Tücke）、奸計《かんけい》（Arglist わるだくみ）そして搾取《さくしゅ》（Ausnützung）である。「邪悪な人たちは高所から圧政を語り」（8節b）そして「口を天に置く」（9節a）。詩篇作者は、天に置かれた口が発するもののなかから、よく知られているものとして前提されている特徴ある二つの宣告（Spruch 決まり文句）を引用している。

①そのひとつの宣告――「それゆえに」＝「それゆえに邪悪な人たちは語った」によって始められている――において、邪悪な人たちは「民」に対する神の関わりを笑い草にしている。察するに、そこで語っている人たちは、パレスチナに大土地所有者として生活していて、今やまた無産の民が次のような預言に従って、放浪から帰ってきたことを嘲笑しているのだ。その預言とは、放浪の預言者が「彼らはたくさんの水をすることができよう」と彼らに水を約束したことである（イザヤ書41章17節以下）。もちろん彼らが語りかける者［神］に仕えるようになることがなければ、彼らはここでは他の多くのものを見出だすことはないだろうが。

②さて、もうひとつの宣告で、邪悪な人たちは彼らになされた非難に外見上は答えている。つまり「神は彼らによって用いられた不義を見、知っている」と彼らは警告されてはいる。しかしその天の神々はそのような地上的な出来事にかかわりあうこと以外のことを為さねばならない。

だから「いかにして神はそれを知り得ようか！　高きところにも知恵があるのか？」（11節）というのである。そして神の態度は確かな快適さの中にのんびりと暮す者たちを保証するという。つまり『彼らは権力を握っている』（12節b）、彼らには権力があると保証しているというのである。

以上が、この詩篇の第一部分（1節－12節）であった。その中で語り手は彼の重大な人生経験を、つまり悪い者たちの幸福ということを叙述したのである。しかし、今や、語り手はこの経験の理解がいかにして根底から変化していったかを述べることへと移っていった。

彼が繰り返して自分の苦悩と、悪い者たちの「口を歪めた笑い」を伴った愉楽とを相互に対置せざるをえないとき、彼を圧倒したのは次のことであった。「このように比較することは、私には相応しくない、事実として、私自身の心が清くないのだから！」ということである。そして彼は心をひたすら清め続ける。だが、それはむなしいことだった！　また、詩篇作者が「その両手を責められることがないように洗わざるをえなくなった」（13節b）ので――ここで意味されているのは、決して自己義認の行為や感情ではなく、むしろ魂の大きな苦闘を通して獲得された真実の第二段階のより高い純粋さであるのだが――、苦しみはさらに続いた。この苦しみを彼は重い皮膚病のように自らの内に見出すのであった。そして聖書のなかでは、人間の重い皮膚病は天と地の間の乱された関係に対する神罰として理解されているように、毎朝ごとに、また蝕《むしば》むような悲しみによって貫かれた夜ごとに、それは詩篇作者のもとにやってきたのだ。それは確かに懲罰（Züchtung）である。――だが、私は一体何のために罰せられるのだろうか？　そして再び、邪悪な人たちの幸福という醜悪な謎が［詩篇作者の］悲しみに対置されるのである。

ここで、ヨブが神に訴えたような誘惑が詩篇作者を捉える。「事実は［邪悪な者たちの不正不義は］どうなっているのか述べよ」と詩篇作者を駆り立てるのだ。しかし彼はこの誘惑［自己の義を主張して自己弁明を行いたいという誘惑］と戦い、この誘惑を克服したのである。この克服についての報告はここでは語り手に最も強く与えられた表現形態で、つまり〈神への呼びかけ（Anruf）〉という表現形態で行われている。彼は客観化された［事実を列挙するような］弁明を中断して神に語りかけたのである。彼は神にこう語りかけた、〈もし私が内面の衝迫《しょうはく》（心を突きゆすって迫る強い欲求）にしたがっていただけならば、そしてまた私がこの世間はいかにあなたの支配のもとにあると見たかを語ったとしたら、「私はあなたの子孫の世代を裏切ったことになるだろう」〉（15節）と。神の子孫の世代を！［なぜならば］その当時は彼は知らなかったからなのだ、心の清い者たちが神の子孫であることを。だが、今や彼はそのことを知った。もし彼が登場して神に告訴したとすれば、彼は心の清らかな者たちを裏切ってしまっていたことになる。なぜならば、心の清らかな人たちは苦しみの中に耐え忍び、決して嘆きを言わないからである。〔だがこの人たちの〕こうした言葉はわれわれに聞こえる。この言葉の語り手がこの「神の子孫」〔心清く苦しみを忍耐し沈黙した人たち〕を、告訴している「神の僕《しもべ》」ヨブに対置しているのだ。

彼、つまりこの詩篇作者は、この世間の矛盾（Widerstreit）が彼の純化された心の中で燃え上がる時に沈黙してしまうのだ。しかし彼はこの矛盾の意味を「見抜く」ために今や彼の思いのすべての力を尽くしたのである。彼はその意味を、つまり彼に隠されている暗闇を透徹するために精神の目（Augen des Geistes）を強くしたのだ。そこで彼はいつも新たに同じ矛盾のみを認めるにいたった。そして、この事実認識そのものは、彼にとっては、ただ「苦痛（Pein）」の一断片としてのみ現れた。つまりこの苦痛は、心を煩わすことのない「邪悪な人」を除いたすべての人間の上に——つまり心の清らかな人たちの上にも——課せられているものなのである。詩篇作者はそうした心の清い者のひとりになった。だが、彼は「神がイスラエルに恵み深いこと」（1節）を知らなかったのである。

「私が神の聖所に行くまでは」（17節a）。ここに模範的な人生の本来的な転回が行われる。心の清らかとなった者は、神がその人に恵み深いことを経験すると私は言った。しかし彼は心を清めた結果として、このことを経験したのではなかった。そうではなく、むしろ彼が〈「聖所」に心清らかな者として行くことができた〉からである。ここでは、それ「「聖所」」によって、エルサレムの神殿国家が意味されているのではない。むしろ神の聖なる秘儀が意味されているのである。これに近づく者にのみ、その者にのみ、この矛盾の意味が明らかになるだろう。

しかしこの詩篇記者が相手側にのみ、つまり「邪悪な人」のみに向かって言い表している〈矛盾・葛藤〉という言葉の真の意味は――読者がここに続いている言葉をあまりにも安易に誤解するように惑わされているのだが――、詩篇記者が序言でその意味を義しい者の側、つまり「心の清き者たち」に対しても既に語ったように、このことは現在の状態が全く性質の異なった将来の状態によって解決されるということではない。したがってまた、「最後には」善人（Guter）はなにごともうまくゆき、悪人（Schlechter）は悪くなる（schlecht おかしくなる）ということでもない。そうではなくて、むしろ現代的思考の言葉で言えば、悪人たちは本当に実存しない（nicht wahrhaft existieren）ということを意味し、そして彼らの「最後」はこの変化（Änderung）のみをもたらすことを意味するのである。つまり悪人たちは非存在（Nichtexistenz）── こうした非存在の予感（疑念）を排除することは彼らには常に繰り返しおこることなのだが ── を経験することは回避できないことを示唆している。つまり彼らの状態は「滑りやすいところに置かれていた」（18節）ということである。その状態は「魅惑（Berückung）」から自己の空しさを知ること（Wissen der eignen Nichtigkeit）へと転落に向かっている。ついには、それが「一瞬（im Nu）」に起こるとき、その大いなる恐怖が彼らの上に襲いかかるのだ。彼らは恐怖のなかに消滅してゆく。彼らの現存(Dasein)はいわば神の夢幻における影像［神がいだく夢幻のなかの影絵］のようなものである。しかし［真の］神は目覚め、その夢幻を振り払い、溶解してゆく影絵を軽蔑しながら見やるのである。

矛盾［葛藤］が解決される場所である「神の聖なる秘儀」に詩篇作者が近づいたとき、彼がなしたこの洞察（Einblick）［神の前で邪悪な人は無と消える］を詩篇記者は繰り返して、その報告(Bericht)［歴史的事実の報告］として述べているのではなく、むしろ「その主（Herr）」への中断しがちな語りかけ（unterbrechenden Anrede）において述べているのである。詩篇作者はこの同じ語りかけにおいて、厳しい自己批判をしながら、詩篇作者がその中でその時まで生きて来て、またそのことで苦悩したその誤った状態（Irrtumsstand 状況）が、その時に同時に（damals zugleich）、詩篇作者にも現れたことを告白している。「私の心が沸き立った時、私は自分を腎臓にまで達するほどに［内面深くまで］(2) 切り裂いた。私は愚かで悟ることがなかった。私はあなたのもとで（bei dir）獣にひとしかった」（21―22節）。

「あなたのもとで（bei dir）」（22節）でもって、詩篇の中間の部分が深い意味をこめて終っている。次に続く最後の部分（23―28節）――描写と報告のあとで「告白」が続くが――の最初の節の一行目の終わりのところで（23節a）、この言葉「あなたのもとで」が意味深長に選ばれている。この節の初めにある言葉「そして私はいる（Und ich bin）」はここでは語勢を強めて強調して理解されなければならない。つまり「そしてだが［それにもかかわらず］私はいる（und doch bin ich）」――「そしてだが［それにもかかわらず］私は常にあなたのもとにいます（Und doch bin ich stets bei dir）」［23節のドイツ語訳は「私は留まる（bleibe ich）」であるが、この箇所をブーバーはこの注解では「私はいる（bin）」に変更している。その変更の意図を深く吟味しなければならないだろう］。神は心の清くなった者たちに対して、以前、［この世の不平等・不公平に対する不満のために］心が沸き立たざるを得なかったことを数えあげない［獣のような心だった頃を追求しない］。確かに、誤りを犯す者（Irrende）も、戦う者（Ringende）もまたすでに「神のもとに」あったのだ。なぜならば、神のために戦う者は神に近く、その人が自分は神より遠く離れて追放されていると思う時でさえも、そうなのである。――確かに、このことがヨブの極度の絶望〈30章20―22節〉と極度の備え〈31章35―37節〉の時に、嵐の中からヨブに現れた啓示について、われわれが学ぶ本来的なもの［固有のもの］である。しかし、ヨブとは違って、詩篇作者がわれわれに教示しようとしているのは〈戦うものが神のもとにある（Bei-Gott-Sein des Ringenden）〉という事実が、次のような〈時〉に戦う者に明らかになるということである。すなわち、疑惑と絶望を通して裏切りへと誘惑されることなく、むしろ清い心となることによって「神の聖所に行く」〈時〉である。ここで、詩篇作者は「常に（stets）」という啓示を受けた。清い心をもって神の秘儀に近づく者は「常に」神のもとにあることを経験するのである。

それは啓示ということだ。もしわれわれがここで〈敬虔な感情〉というようなものを念頭に思い浮かべるならば、われわれは全体を理解し損なうのである。なぜならば、人間から生まれるものには、いかなる不変といわれるようなものは存在しないからである。ただ神からのもののみが変わらないものである。確かに、詩篇作者は神と自分とが常に相互に共にあることを経験している。しかし、詩篇作者は自分の経験を神の言葉として表明することができないでいる。原歴史

（Urgeschichte）の叙述者は、父祖たちや最初の族長たち（Volksführer）に対して、神に「私はあなたと共にいる」と語らせている。そして、そこに「常に」が非常に明白に一緒に聞こえてくる。その後では、こうしたことはもはや報告されてはいない。ただ、まれに預言［書］のなかに、われわれはそのようなものを繰り返し聞いているだけである。さらに、詩篇作者は、神に向かって「あなたは私のもとにおられます」（23篇5節［4節：新共同訳：共に］）と語っているが、他方ではヨブが「神はその若き時には〈共に〉おられた」（29章5節）と語る時には、まさにこの基礎的なること、つまり「常に」が取り去られている。この詩篇73篇の語り手はそのことを最初にして唯一のものとして明確に記入している。しかし、彼はそれ以降は決して「あなたが私のもとにいる」とは語らず、むしろ彼は「私があなたのもとに〈常に〉ある」と語るのである。だが、このことを彼は自覚して、また実感から語り得ているのではない。なぜならば、いかなる人間も〈常に現在において〉神に向かっていることはできないからである。むしろ彼はこのことを〈神が彼と常に共に在る〉という啓示［恵みとしての啓示］からのみ語りうるのである。

詩篇記者は、この中心となる経験［die zentrale Erfahrung ＝神と私とが相互に常に〈共に在る〉という経験］をもはやけっして神の言葉として表明しようとしているのではないが、これを神の態度

（Gebärde）として語っているのである。神は詩篇記者の右の手を捉えた（23節b）と。——父が（そこでわれわれは「あなたの子孫の世代」という表現と一緒に補足することもできようが）その小さな息子を導くために彼の手を取るように——。もっと厳密にいえば、ちょうど暗闇の中で父が小さな息子の手を取るようなものである。しかも実にそれは息子を導くためにである。しかし何よりもまず暗闇の不安のなかで、「父がつねに息子のもとにある」ということを息子に、その温情（思いやり）によって現在させるためである。

その直ぐ後に、もちろん、次のような指導（das Führen）がまさしく語られている、「あなたは忠告でもって、私を導く」（24節）と。このことはしかし次のように理解されるべきだろうか。つまり語り手は「神が語り手に人生の変化する諸状況のなかで、彼が為すべきことや、彼が放棄すべきことを、その時々にすすめるであろうこと」を神に期待しているというように理解されるべきだろうか。言い換えれば、詩篇作者は、彼をして自分固有の思いめぐらし（Wägen）や決断（Beschliessung）から免れさせる恒常的な神託（konstantes Orakel）を、前にもまして、今いっそう所有すると信じるだろうということであろうか。私はこのような人間［語り手］を自分のできるかぎりの仕方で真摯に遇したいのだが、しかしまさにそれゆえに、そのようには理解することができきない。神のなす忠告は全く心の清い者に直接に分与されている〈神の現臨〉(die sich dem lauteren Herezen unmittelbar mitteilende göttliche Gegenwart)として存在するように私には思われる。この神の現臨を感得する者は、自分の人生の変化する諸状況のなかで、この現臨が気付かれないままになっているような人間とは違った仕方で振る舞うのである。［神の］現臨(Gegenwart)そのことが忠告(Rat 語りかける)として働いている。神がそこに存在することを知らせることによって、神は忠告するのである。神は子孫を闇から光へと導いた。今や子孫は光の中を歩むことができる。子孫は自分で闊歩し(Ausschreiten)、歩行を正す(Schrittrichten)ことをせざるをえない。

この啓示された展望(Einblick 洞察)は、人生経験の意味と共に人生そのものを変化させた。この展望はしかしまた死の展望(情景)をも変えてゆく。「苦しめられた者」にとっては、死は苦悩と苦痛がそこへと向かって流れ注ぎ込む河口(Mündung)であった。しかし今や死は、そのなかで神が、つまり〈常に現前する者、手をつかむ者、「善」である者(der stets Gegenwärtige,der an der "Hand Fastende",der "Gute")〉が、誰かある人を「選び取る」出来事となった。

このことを、神自身によって受け入れられること(Genommenwerden)、取り去られること(Hin-weggenommen)として、聖者列伝の教説者たちは生きたままエノクが、生きたままエリアが天国へと召されることを描写した。詩篇作者たちがこの描写を奇蹟物語の領域から個人的敬虔(Frömmigkeit)とその個人的表現(Ausdruck)の領域へと移し変えたのである。言語の上でも、文体の上でも、そしてまた内容や根本的構想においても、われわれに関係の深いある詩篇(49篇)においては、こう述べられている。「神が私を選び取った時、神は私の魂をシェオル(黄泉)、つまり墓穴の世界の手から取り返してくださる[贖う、買い戻すとも訳されている]」(16節)と。ここでは、「召される(Entrückung)」という神話的表象はもう残ってはいない。しかしそれのみではない、つまり天についてももはや何も記されていない。ここでは〈われわれが死後に天国にゆくことができる〉というようなことについて、ほんの少しも語っていないのである。そして私の見るかぎりでは、ここ以外に『旧約聖書』のどこにも、そういうことについて何か述べているところはない。

この詩篇では、まさに「あなたは忠告でもって私を導き」(73篇24節a)という言葉に続く文章が、もちろんこのことに反論しているように思われる。私がその文章を「そして未来(Künftig)に、あなたは私を栄光の中へと取り去ってくださいます」(24節b)とドイツ語に翻訳した頃[1937年出版]、確かに当時はそのように私自身には思われた。しかし、今日[1962年出版]

では私にはもうこの解釈には責任がもてない。(3)
原テキストにはここでは三つの言葉がある。
①最初の「そのあとで（Danach)」という言葉は明白である。つまり「あなたが私の人生の残りを通して、あなたの忠告によって私を導いた後で」ということである。したがって、「私の人生の終わりにおいて」ということである。
②第二の言葉（hinwegnehmen）はより厳密な吟味を必要としている。不死性という後の理論の観念的世界の中で育ったわれわれにとって「あなたは私を選び取るでしょう（nehmen)」を「あなたは私を迎え入れるでしょう（aufnehmen)」と理解することは全く自明なことである。同時代の聴衆あるいは読者は「あなたは私を取り去る〔運び去る〕でしょう（hinwegnehmen）」としてしか確かに理解しなかったが。
③だがそれに対して第三の言葉〈Kabod（栄光)〉は妨げることにならないだろうか。つまり、それ（「あなたは私を取り去るでしょう」）は、どこへ（Wohin）と私が受け入れられるかは言ってはいないのではないか。つまり、〔神のもとに在る〕「栄光（Ehre)」なのか、「誉れ（Glorie)」なのかは言っていないではないか。なるほど確かに、そう言ってはいない。それをそのように〔取り去

られる（死）と栄光（神のもとにあること）との関係を不明確に）理解するとは、われわれが「選び取る」のかわりに何よりもまず「迎え入れる」と理解したことによって惑わされていたことになるだろう。[4] これが死と栄光とが同時に起こる唯一の聖書の一節というわけではない。かつて明けの明星のように天空に昇ろうとしたバビロンの死せる王についてイザヤが詩《うた》っている言葉のなかで、こう記されている。

「諸国の国王たちはすべてが一緒にカボット、つまり栄光の中に安らいでいる。おのおのが自分の居住のなかに。しかしあなたは、あなたは投げ出された、あなたの墓の外に」（『イザヤ書』第14章18節－19節a）と。

彼（バビロンの死せる王）は自分の国を滅ぼし、自分の民を殺したので（20節）、彼には栄光ある墓は拒絶されている。人生の課題を誠実に充たした他の人々には、死における栄光が保証されているのである。つまりヘブライ語の言葉の根源的な意味にしたがえば、その「栄光」とは［本来は］ある人の内面の「重さ」の放射（Ausstrahlung des inneren 》Gewichts《 eines Wesens）なのだが、ここ［バビロンの王の場合］では死の地上的側面（die irdische Seite des Todes）のものにすぎないのだ。[5] この詩篇73篇の語り手は神に向かって、もし私が人生を終えてしまうとしたら、〈私はカボット（栄光）のなかで、つまり私の現存在の充実のなかで（in der Erfühlung meines Daseins）死ぬだろう〉と語っているのだ。しかしこの死ぬことにおいては、シェオルに呑み込まれるということが私には感じられず、むしろあなたのつかまえる手が感じられるのである。「なぜなら」、また性質が類似している他の詩篇16篇10節でこう記されている、「あなたは私の魂をシェオルに捨てておかれることはないからである」と。

シェオル（黄泉）、荒涼とした世界、――後のテキスト（伝道の書〔コヘレトの言葉〕9章10節）で解説されているように、この世界には行為も知識もない――に対立しているのは天の祝福の世界ではない。むしろこの存在を奪われた状態〔虚無〕に対立しているのは神である。「邪悪な者たち」は結局、直接に〔自らの〕非存在〔儚さ脆さ〕を体験するのだ。「心清らかな者たち」は結局、直接に神の存在を〔神のいますことを〕体験する。〔神に〕受け取られていること〔受容されていること〕の意味を、今や詩篇作者は即座にこれ以上にまさることがない（unüberbietbar）明確な叫びで「天に私は誰をもとうか！」と表現しているのである。

詩篇作者は死後、天国に入ろうと努めているのではない。なぜならば、神は天国に住みたまわないからだ（Gott haust nicht im Himmel）。したがって、天国は詩篇作者にとっては空虚（leer）なのだ。しかし、詩篇作者が、死においては地上に留まり続けたいという願望を心にいだくことはないことを私は知っている。なぜならば、今や彼は完全に（すっかり）「あなたのもとに（bei dir）」（ここではその言葉が三回も反復されている）、つまり詩篇作者を「つかまえた」方のもとにいるからである。しかし、このこと〔神につかまえられたこと〕でもって詩篇作者はわれわれが個々人の〈不死性（Unsterblichikeit）〉と名付けているものを、つまりわれわれの可死的生命のなかで、われわれが非常に信頼を寄せている〈時間の次元の継続〉を意味しているのではない。[6] なぜならば、今や、「彼〔神〕のもとにある（das Bei-ihm-sein）」ということは、日常生活のなかで体験しているように、「彼〔神〕から分離されている（Von-ihm-geschieden-sein）」ということを意味してはいないということだからである。今や、詩篇作者は最も厳密な明確さでもって、今語るべきことを語ったのである。つまり詩篇作者の肉体のみが死に消え失せたのではなく、彼〔神〕の「心（Herz）」つまりかの最も内的な個人の魂の機関（Seelenorgan）も——これはかつて人間の運命に対する反抗のさなかで「沸き立ち」、それを詩篇作者は心が清くなるまで努めて「清めた」のであるが——、この個人の魂（Seele）もまた消え失せてしまうということである。しかしながら、この個人（人格）の真実な分け前（Teil）であり、真実な運命（Los）である〈かの方（Er）〉は、この心の「岩」であり、神であり、この神は永遠である。この神の永遠のなかへと心の清らかな者は死んで行くのである。そしてこの永遠は時間のあらゆる在り方から根源的に区別されている。(7)

①もう一度、詩篇作者は「邪悪な人たち」を振り返ってみた。その邪悪な人たちを観察することは詩篇作者をかつては駆り立ててきたものであった。今や、詩篇作者は彼らを決してもはや邪悪な人と呼ばず、むしろ「あなた（神）に遠い人たち」（27節a）という。最も簡素な形で、詩篇作者は自分の認識を次のように表現した。「彼らは神（Gott）に、つまり存在（Sein）に遠いので、彼らは失われてゆく」と。②だがさらにもう一度、この否定的な主張（das Nein）に対して肯定的な主張（das Ja, the positive）が続くのである。③その上もう一度、さらに第三回目で最後に、かの「そして私は（Und ich）(8)」が続く。これはここでは「私はしかし（Ich aber）」を意味している。「私はしかし、神に近いことが私には善いことです」（28節a）と。ここで、この善の概念において「論点の」円環が閉じている。つまり〈神に近づくことが赦されている者に善が与えられていて、心の清らかなイスラエル人に善が与えられる〉と。なぜならば、神に近づくことが赦されているからである。確かに、神はイスラエルに恵み深い。(9)［①②③は訳者挿入］

語る者はその告白を終えた。しかし彼はなお託宣（Spruch）を中断したわけではなかった。彼はすべてのことを統一し、総括している。彼はその避難所や「救護所」を「主のもとに置いた」のである――主のもとに彼は救護されているのだ。しかし今や、最後のものとして、詩人はいつも神に向って、こうしたすべてのものに結びついた次の課題を表明している。その課題とは詩篇作者が自分に対して設けたものであり、また神が彼に設定したものでもある。つまり、「あなたのすべての働きを述べる」ことである。かつては外観（見せかけ）［邪悪な人が栄え、不正が横行しているという状況］を報告する（告げ知らす）ことで彼は激怒していた。［にもかかわらず、このことに］彼は屈しなかった。しかし今や彼は神の働きという現実を告げ知らせねばならぬことを自覚した。彼のその最後の報告、神が彼に為さしめた働きの報告は、この詩篇のなかで表現されている。

この詩篇では「心の清らかな人たち」と「邪悪な人たち」という二つの人間の在り方が相互に対立しているように思われる。だが本当はそうではない。「邪悪な人たち」は確かにあきらかに人間の類型（Menschenart, a kind of men）ではあるが、他方［心の清らかな人たち］はそうではない。彼らの内にあるものは「獣にひとしい」が、心を清めたので、見よ！　そうすれば、神はその人の手を捉えたのである。このことは［心の清さは］人間の類型［固定した既成の人間像］のことではないことを示している。心の清さとは、人間の存在の状態（Wesensstand, a state of being）のことである。[10]

われわれは心清らかな者ではない。われわれはただ〈清らかで在りうる〉のであり、〈清らかに成りうる〉ばかりなのである。むしろわれわれが清らかになった時に、その時にのみ本質的（wesentlich）に純粋なのだ。またそのときには人間はそのことによって人間の何らかの類型に属するのではないのである。「邪悪な人たち」つまり「悪い人たち」に「善い人たち」が対立しているのではないということである。つまり「善い人たち」というものは存在しない。しかし善は存在する。詩篇作者は語る、〈善とは神に近づくことである（Gott nahen）〉と。詩篇記者は、神に近い人たちが善いといっているのではない。しかし、彼は悪い人たちを神に遠い人たちと呼ぶのである。このことを現代的思惟の言葉でいえば、〈実存に関与しない人間は存在するが、実存を所有するという人間は存在しない（es gibt Menschen,die an der Existenz nicht teilhaben,aber keine Menschen,die die Existenz besitzen)〉ということである。つまりわれわれは実存［人間の真の生き方］を所有することはできないが、ただ実存に関与しうるのみである。われわれは実存の懐に安らぐのではなく（man ruht nicht im Schoße der Existenz)、われわれは〈ただ実存に近づくばかり〉である。この「近さ」は人間の人格が生きている限り永久に（immerder solannge die menschliche Person lebt）そのように自ら近づくこと（ein Sich-Nähern）であり、近くなること（Nahekommen）である。[11]

死は人格の生［いのち］と一緒に［神への］遠さと近さの動力学を破壊してしまう。死と共に心（Herz）が消失してしまう。この［神へ向かう］心とは、そこから空想する力によって「幻想（Malereien）」が起こり、挑戦するような態度でいきりたつこともあるが、しかしまた同時に自らを浄化して清らかに成りうる人間の内面性をもいうのである。個々の魂（Sonderseele）は消え、［個々の魂の］区別（Sonderung）は消えてしまう。こうして魂によって生きられた時間（die von der Seele gelebte Zeit）が魂と共に消え、われわれは時間［自然的時間］の中での持続［生き続けること］を知ることがない。ただ、心がそこに隠されている「岩」のみが、つまり人間の〈心の岩〉のみが消え去らないのだ。なぜなら、その〈岩〉は時間のなかに存在するのではないからである。この世の時間は永遠［神］の前で過ぎ去ってゆくが、しかし実存する人間は完全なる実存［神］の中へと、永遠の中へと死んでゆくのである[12]（der existente Mensch stirbt in die Ewigkeit, als in die vollkommene Existenz, hinein）。

注

(1)ブーバーの詩篇講解における注記は、この一カ所だけである。それによると、4節のヘブライ語原文は二様に解釈され、一つはlemotan(彼の死に苦しみがなく)と一語に…………解し、他はLamo tam(彼には苦しみがなく、強くてその身体は太っている)と分割して解する。ブーバーは、ほとんど一般的に採用されているように、後者のように読むと記している。この詩篇73篇4節の注解についてはNet Bible, 2005 .p. 998を参照した。

(2)腎臓と訳したヘブライ語(キルヤー)は、比喩としては人間の内面の深いところに働く情動の場を意味している。詩篇では、7篇9節、16篇7節、26篇2節、参照。邦訳では21節bはさまざまに訳されてきた。「わが腎《むらと》はさされたり」(日本聖書協会、1887年)、「わたしの心が刺されたとき」(口語訳、日本聖書協会、1955年)、「私の内なる思いが突き刺された」(新改訳、日本聖書刊行会、1970年)、「はらわたの裂ける思いがする」(新共同訳、1988年、、聖書協会共同訳、2018年、日本聖書協会)、「わたしの心は刺された」(フェデリコ バルバロ訳、1980年)、「腹立たしくなった」(フランシスコ会聖書研究所、1968年)、「胸中で色々に思い悩んだ」(関根正雄訳、1970年、A・ヴァイザーもほぼ同じ1979年、ATD)、R・ガルディーニは verwundet das Herz (心が傷ついた)、ルター訳 mich stach in meinen Nieren (私を腎臓にまで突き刺した)はブーバー訳 ich mirs schneiden liess in die Nieren (私は腎臓にまで達するほどに「自分を」切り裂いた)とほぼ同じである。ブーバーと一緒に旧約聖書をドイツ語訳したローゼンツヴァイクは論考「聖書とルター」で「聖書は……生き生きとした神の言葉であったところでは、そしてそこでだけは無条件に、言葉どおりに受け取られなければならず、たとえ『ぎこちない』逐語訳になっても、言葉どおりに翻訳されなければならなかった」（F・ローゼンツヴァイク著『新しい思考』（村岡晋一、田中直美編訳、法政大学出版局、２０１９年、３５９頁）と述べている。

ブーバーの詩篇講解の翻訳に際して、内外の数種の翻訳や注解書などを参照し比較させていただき多くを学ぶことができたが、同じ原典（ヘブライ語テキスト）の翻訳とは思えない程にそれぞれが工夫されていることにあらためて驚いた。ブーバーのドイツ語訳を基準にして訳文を検討する過程で、翻訳する言葉の選択において要となるものはなにかを考えさせられた。フィルターによって対象は彩色されて見えるが、どのようなフィルターが適切なのか迷い続けるばかりであった。

（３）24節後半の訳語をブーバーは三回変更している。（Vgl.Schalom Ben-Chorin : Zwiesprache mit Martin Buber, 1966, Bleicher Verlag. S. 37–39. 山本誠作訳、１９７６年、ヨルダン社、65－66頁参照）。第１回１９３７年では zukünftig で、不確かな将来だが、屈辱と悲哀のなかでも生涯の終わりに復権されることを確信している。第2回１９５２年では Und danach で、ある出来事が終わり、栄光の徴をともなう新たなものが始まると信じられている。そして第3回１９６２年では、Und danach … hinweg では、84歳のブーバーは hinweg（彼方へ）でもって、いかなる疑念もないことを表現している。栄光の〈なかに〉に取り去られた（hinweggenommen）者はもはやそこに（da）はいない

（vgl. S. 39）。ブーバーは栄光のなかに取り去られて〈いる〉という確信に人生の成就を見た。この三段階の背後に死生観の変化がみられるが、当時の政治的状況との関連を指摘する者もいる。

（4）この箇所は分りにくいところであるが、要点は神に「取り去られる」ことである「死」と「栄光」との関係についての信仰告白である。この世界から取り去られ死ぬことは、「神のもとへ」であるから、それは「栄光のなかへ」であると言える。この世に対して死ぬことは、神に対して生きることであり、栄光の中にうつされることである。それは誉れや栄華を離れることである。こうして、死は悲惨な消滅ではなく神のもとに生きる（栄光のなかにある）ことであり、勝利である。栄光のもとへ死ぬことが詩篇作者の信仰であることが、続けて述べられてゆく。この信仰なき人々にあっては死と栄光とは一致しないで、むしろ死は敗北である。

「栄光」を巡っては諸説あるようであるが、「神のもとに生きること」とブーバーは考えている。死後、この栄光とは別に誉れや栄華を求めるとは考えられない。論点の過程を誤らないためには、神の選びが優先し、その後で、選ばれた者が神を迎え入れるのが事実の過程であることを確認しておきたい。次の『イザヤ書』の引用文で言及されていることであるが、神との「選ばれ — 応答する」という対話的人格的関係のない諸国の王たちは空しい栄光を誇っているが、彼らは真の栄光からは拒絶されたのである。

（5）栄光は本来は神との対話的関係に充たされて生きる人間の内面の表現であるのだが、悪しき王たちの場合には、地上的側面つまり名声や富や権力などのことであった。彼らの栄光は世俗の業績評価のことにすぎない。

（6）不死性とは不老不死ということではなく、〈永遠なる神と共に対話的関係に在る〉ことであり、神のもとから離れないことである。肉体の死によって魂（心＝意識活動）は消失するが、神のもとへと死ぬのである。

（7）自然的時間の無限な延長としての永遠ではなく、永遠なる方と今ここに在るという心のつながりの永遠である。神と人間との相互主体的な関係という永遠とも表現されよう。参照、本訳書25頁注（2）、130頁注（1）

（8）Wa-ami はこの詩篇では4回使用されていて、2節、22節、23節、28節である。この4回のなかで、否定的表現の後に、それを打ち消す意味で肯定的に用いられているのは、23節、28節である。ブーバーが3回目で最後の「そして私は」と言っているのは、28節のことであるが。

（9）〈神に赦されて近づく〉と〈善が与えられる〉と〈心が清らかなイスラエル人〉との因果が円環している。いずれも他を前提としている。

（10）人間の類型の多様性という観点と、これとは全くことなった観点である実存の基本的態度とは明確に区別されている。前者は、神との関係は考えることも無く、つまり神から遠い生き方にあって、ただざまざまなタイプの生き方が在るというのである。これに対して、後者は基本的には神との関係を自覚していないながら、つまり神に近い関係にありながら、心の純な者は神との繋がりを生きるのであるが、これに対して心の不純な者は神に反抗している生き方をしている。前者は現象様態の類型であるが、後者は存在の区別である。〈心の清さ〉というと一般的には心情の純粋さという主観的な感情の状態・倫理道徳的価値として理解するが、ここではそうではなく、実存の態度（存在の次元）を表現しているのである。このことが、存在の状態（Wesensstand）といわれる。

（11）真の人間の在り方（実存）になっていないのが人間の現実である。真の人間になってしまっている人間というものは現実には存在しない。したがって、われわれは真の人間への自覚を内に秘めているのだから、生涯を通して真の人間へと近づく努力をするばかりである。

（12）心（Herz）と魂（Seele）の関係についてブーバーはどのように考えているだろうか。これはもちろん、人間観に関するヘブライ的思考の伝統から吟味しなければならない。魂は内在する意識活動（感性・知性）であり、肉体と因果関係のある働きである。それに対して心は、魂の内奥の働きとされているところからみると時間性を超越しようとする精神活動・意志的活動であるといえよう。魂は機能的能力で、心は実存様態に関わると区別することも可能に見えるが、ヘブライズム的人間観では、心も魂も肉体も、分析的に捉えることはしていないことに注意しなければならない。ブーバーの「心」概念はこのようなヘブライ思想における三元論的人間観に従えば、Lseib, Seele,Geist の区分のうち、心は Geist に相当する。また霊肉二元論的人間観に（存在の機能的区分）によれば、霊的在り方をいう。

V　多くの道——詩篇1篇

詩篇1篇

1
邪悪な人たちと策略をめぐらして歩まぬ人、
罪人たちの道をけっして歩まず、
厚顔な人たちの座につかず、
2
むしろ主の教えを歓び、
その教えを昼も夜も想い語る人、
この人はなんと幸いなことだろう。
3
その人は河の流れの辺《ほと》りに植えられた樹のように、
時が至れば実を結び、
その葉はしぼむことがありません。

その人の為すすべてのことは栄えます。
4 邪悪な人たちはそうではない、
風が吹き飛ばす籾殻《もみがら》のようです。
5 だから邪悪な人たちは裁きに持ちこたえない、
罪人たちは信頼のおける人たちの仲間に　はいれません。
6 なぜなら主は信頼のおける人たちの道を知っているが、
邪悪な人たちの道は消え失せるからです。

しばしば私が詩篇を繙くときは、私はまず何よりも詩篇の序として、すでに以前より理解されている最初の詩篇を一瞥《いちべつ》する。多分すでにヒゼキアのもとで編集された最も古い詩篇集がすでにその最初の詩篇によって導入されていたと私には考えられる。かの編集は次のような意図を根柢においていたと考えられる。つまり「トーラー」——確かにこれは当時モーセのものだとされていた教訓説話や律法を整理した書物を意味している「指示（Weisung）」であるが——を「指し示す」という種類の讃歌（Hymmen）と歌（Lieder）でみたそうとする意図をもっていただろう。指し示す（Weisen）とはここでは、人間が「選ぶ」べき道を示すことを意味している（25篇12節）。つまり人間にその時々に、この道をつまり正しい道を他の道である偽りの道から区別することを教えることを意味している。正しい道、つまり神の道に「信頼できる人たち（真実な人たち）」は従ってゆく。他方、「邪悪な人たち（Frevler）」がいて、この人たちはそれぞれの自分の道に固執しながら、かの正しい道に踏み込むことを拒絶する人たちである。「罪人たち（Sünder）」は、この正しい道を常に繰り返し間違えてしまう人たちである。「指示（Weisung）」［これはヘブライ語トーラーであり従来〈律法〉と邦訳されてきた］の本来的な挑戦は、そのことによって邪悪な人たちに向けられる。これに対して、「善」で「公正」な神は罪人たちにいつも繰り返し「道を指示する（im Weg unterweist）」（25篇8節）、したがって、この正しい道への帰り道を見つけるように罪人たちを助けるのである。

指し示す讃歌と歌のこの素朴な諸前提から、それを巡って、この詩篇が組み立てられていて、この詩篇の指導的（中心的）言葉が明らかになる。それは「道」「指示」「信頼できる人たち」「邪悪な人たち」「罪人」という言葉である。同時に、なぜ「邪悪な人」という言葉が「信頼できる人」や「罪人」と全く同じようにしばしば一緒に現れるかが明らかになる。中心となる言葉の反復は今や、この詩篇の基本的に重要な構成原理であり、その意味は詩的であること——つまりこれは音声となることがリズム的に対応するということなのだが——と同時に、とりわけ全く解釈学的なものであることがわかる。言葉を反復しながら、詩篇の理解にとって本質的なものを指し示すことによって、その詩篇は自ずから説明されてゆく。それ故に言葉は、まさしくここでのように、ひとつの特定の対象を言葉使いの上で「表現を」変えることを度々避けられているのである。そして、ここのようにまさに終わりの部分では、こうした指導的な指標を三つの相互に継続する文章のなかで反復することを避けてはいないのである。それによって詩篇はこう記しているのである、つまり「道」や「指示」や「信頼できる人たち」や「罪人」との関係のなかで「邪悪な人たち」とはどういうことであるかを認識するにいたる、と。(1)

しかし私が詩篇を開くとき、この詩篇1篇に目を向けるように私を促すものは紛れもなくある別のことである。つまりそれは、それによって詩篇作者が始めた言葉そのものである。その言葉とは、「おお、浄福よ!」あるいは「おお、幸いよ!」と翻訳されるべきものである。詩篇記者は叫んでいる、「おお、人間の幸は……」と。これはけっして願望でもなければ約束でもない。人間が幸福に価するとか、あるいは人間はこの地上の人生においてであれ、また他の将来の人生においてであれ、幸福になることが確かに赦されている（当然である）ということ［つまり消極的判断］が問題なのではなく、むしろこれは歓びに満ちた叫びであり、感激に満ちた確認である。つまり「だがこの人は何という幸福だろうか」という［積極的な感謝である］。この詩篇は、幸福を、もっと厳密にいえば、真の幸福を問題としているのである。

この詩篇は〈真に幸福な人間〉を問題としているのである。「真に、真実に（wahr, wahrhaft）」という添加は、〈有徳な人間〉についての哲学的考察において、〈この人間は真に幸福である〉と語られる時にたまたま生じるような仕方で、ここでは決して語られていないだろう。しかし自明なことであるが、この詩篇作者もまた幸福という事実を指し示したいのであるが、この幸福というのは衆人環視の前ではあきらかではなく、また確かにこの幸福はおそらくいまだかつて正しく信じられたことのないものであるのだ。なぜならば、誰もが知っている経験では〈幸福〉についてなにひとつ知られていないからであり、われわれはこれに対してこの詩篇に記されている人間の〈不幸〉についてはいくらかの認識をもっているからである。詩篇作者もまた明らかにこう語るだろう。「注意しよう、〈天上的な幸福〉が、つまり現実の生活そのものによって隠された幸福があるのだから。「この幸福はあらゆる不幸を補い凌駕するものであり——あなたはこのことを見ていないが、これは確かに〈真の幸福〉であり、〈唯一の真の幸福〉である」と。それゆえに、詩篇作者は善人の失敗をほのめかす日常の見掛け（外観）に対して、この善人の行うすべてのことが成功することを敢えて解明することができるのだ。おそらくその上に、詩篇作者は、彼が語りかけているその人に、〈ヨブにおけるような疑惑の襲来〉に対しては心を強くすることを意図しているのである。それは詩篇作者がその人を助けて、〈見掛け（外観）の幸福〉と〈真の幸福〉を区別させることによってであり、またその人に真の幸福の最も深い層をより多く見い出すことや、より強く感受することを教えることによってである。そしてなおこのことは、彼にとって、つまり詩篇作者にとっては、哲学者がわれわれに「徳とはその固有の報いである（die Tugend sei ihr eigener Lohn）」と説くのとは何か違ったことを明らかにするということである。必ず、両者の発言にはある共通のものがあるが、しかしながら、それらの共通のものは決定的なものではない。だから、われわれは詩篇作者に哲学者の発言［学術的表現］を持ち出して説明するとすれば、詩篇作者はそこで途方に暮れて立ち尽くして頭を振るであろう。なぜならば、詩篇作者が本来的に意味していることは、哲学者が詩篇作者に〈倫理的（道徳的）人間の自己満足（充足）について語ることができるすべてのこと〉によっては全く触れることができないからである。つまり詩篇作者が語っている人間の〈人生の指揮（Lebensführung）〉について、彼が意味していることは倫理的価値によっては把握できないのである。詩篇作者が自らの幸福について意味していることは、人間が自己自身に満足できるという領域（Späre）とは別の領域に存しているからである。この両者つまり〈人生の指揮〉とこの〈幸福〉とはその本性上、〈エートスと同時に自己省察〉ということをも越えた事態なのである。両者とも、人間と神との交わりからのみ、つまりこの詩篇の基本的テーマより理解されるものなのである。

このことはこの詩篇の終わりの部分で最も明確になる。そこでは、確定的な正確さで、真実の人たちの道と邪悪な人たちの道とが相互に対置されている。この後者、つまり邪悪な人たちの道については、それは「失われる（verlieren sich）」と語られている。すなわち、この道を行く人たちは、どこかある所で、彼らの行路のどこかある点で、次のような経験をする。

つまり彼らがいつも唯一の道とみなしているものは決して道ではないということ、この想像された道はけっしてどこへも導かないということを。

そして今や、その人たちは前へ眼を向けることも、後ろを振り返ることもできず、彼らの人生は道のないものになっている。この詩篇を読んだことがない人にこうしたことが語られたとすれば、その人は真実な人の道について［自分が今までの考えて来たことの］反対のことを聞かされるはめにならざるをえなかった。だからこそ、信頼できる人たちの道の特徴はますます明白になり、ついには以前はただ予感によって把握されていたにすぎない目的が、力強い確かさで輝いて、過ぎ去りゆく人の目の前で、この人には語られるのだ。

しかし、詩篇作者がこの決定的な箇所で語っていることはこのことではない。詩篇作者はむしろ、神は信頼できる人たちの道を「知っている（kennen）」と言っている。習慣的な言葉の使用にしたがって理解すれば、この文（6節）はいかなる［特別に］正しい意味も提供しない。神が信頼のおける人たちの道を〈知っている〉という事実は、邪悪な人たちの道が〈見失われる〉ということにいかにして対比すべきなのだろうか。ここで、この言葉（「知っている」）の使用に固執している解説者たちは諸々の困難さに打ち克つべく苦労した。そのため、私はいわば学問的な注解書を読んだのだが、その結果はこうだ。信仰深い人たちの行状が「神の前で覆いを取られた（vor Gott aufgedeckt）」――アラム語の翻訳がこの箇所を再現しているように――ということ、そして信仰深い人たちが存続することが保証されるということだ。これはあたかも神に背いた者たち

（Gottlosen）の道は神の前でまさしく覆いを取られないかのように！　ここで、われわれは次の場合にこそ明確なことを獲得できるのである。つまりヘブライ語動詞「洞察する（erkennen）、知る（kennen）」はその直観的な根源的意義においてはヨーロッパの言語とは違って、観察する（Betrachtung）という領域に属するものではなく、触れる（*Kontakt*）という領域に属するものであることを思い浮かべる場合である。[2] つまり認識にとって決定的な過程は、聖書的ヘブライ語においては、われわれが対象を観察するということではなくて、むしろわれわれがその対象と触れ合う（Berührung）ようになることである。この根本的な相違は、他の存在者へ魂が関係する領域においても展開するのであるが、この領域では相互性（Gegenseitigkeit）の事実がすべてを変えてゆくのである。ここでは、その中心には〈相互に認知すること（Einander-Wahrnehmen）〉ではなく、本質的接触（Wesenskontakt）、「交わり（Umgang）」が存している。この「認識してゆく」交わり（“kennenden” Umgang）というテーマは、他に比べられない独自の高みへとたかまってゆく。そこでは神によって選ばれた者に対する神の関わりが話題なのである。例えば、神が送り出した告知者たち（出エジプト記33章12節、エレミヤ書1章5節）に対する、あるいは神が使命のために用意したイスラエル（アモス書3章2節、ホセア書13章5節）に対する、あるいは避難所［神］に自らを委ねる単純に素朴で忠実な人間（ナホム書1章7節、詩篇31篇8節、37篇18節）に対する神の関係が話題なのである。神は、彼らとの接触（Kontakt）を通して、彼らと交流する（kommunizieren）ために彼らを生物態［自己充足した生物的生態］の豊かさ（Fülle der Lebewesen）から連れ出したのである。神が触れて、捉えることである〈知る〉ということは引き出すこと（Herausholen）を意味するのである。そして引き出されたもの（Herausgeholtes）として、人々（神に選ばれたもの）は神との交わりのもとにある。しかしなお、私が語っている詩篇の節（6節）はある特殊なことが、つまりここで語られているものがさらに加わっているのである。つまり、神が信頼された者、信仰深い者を知っていることをいうのではなく、むしろ神は彼らの道を知っているということである。その道では、つまりこの人間の生涯の道（Lebens-Weg）では、彼らがそれぞれの段階で神との接触を新しく経験しているのである。そして確かに、現実の道の特性に対応するように、特別に適当な在り方と方法においてそれぞれの段階で、彼らは神との接触を経験している。神を「知る」ことの彼らの経験は決して自然的経験とは似ていない。それは、ほんとうに伝記的経験（eine echt biographische Erfahrung）である。つまりわれわれが経験するところのものを、われわれは自己の個人的な生涯の歩み（Gang）によって、それぞれ体験された運命（Schicksal）によって経験するのである。この運命は、神との交わりの外で考察されると、無慈悲で不幸な仕方で現れる。だがそれは神の「認識（Kennen）」によってくまなく照らされながら「成就した（Gelingen）」ことなのである。それは人間のすべての行為、つまり人間の失敗もまた人間の挫折も成就しているようにである。神によって指示され、そして神によって「知られた（gekannten）」道を歩む人間の何と幸いなことか！

道は神によって、神の「指示（Weisung）」であるトーラーにおいて示される。この神は指示する者である。つまり、真の道と偽りの道の間を区別することを教える神である。神の指示つまり識別の教え（die Unterscheidungslehre）がわれわれに与えられている。しかしそれを受け入れることだけでは不十分である。つまりわれわれはそのことを「歓ぶ」のでなければならない、すなわちわれわれは「邪悪な人」のあらゆる情熱に威力において勝る情熱をもってそれにすがりつかなければならない。〔神の〕指示を受動的に学ぶことでは不十分である。つまりわれわれは常に繰り返して「指示についてつぶやくこと」をしなければならないし、その生きた言葉をそれにしたがってくり返して語らなければならないし、われわれが語ることによって語られたことのなかへと踏み込んでいかなければならない。その結果、その生きた言葉は今日もまたわれわれによって、われわれの現今の伝記的状況［個別の日常生活の場］において新しく語られているのである。さらにはそのように引き続いて永遠にわたって現実に語られなければならない。自分の独自の行為によって啓示する神に仕えることになる者は、まさにその人は――たとえその人が生まれつき貧しい大地に生まれたのであれ――指示という河のほとりに移植されたのである。今にしてやっと、その人独自の本質（本来のもの）が生まれ豊かに成り、果実を付けるようになるのだ。摂理（Gesetz）によって、生物が生きることで緑豊かな季節もあれば、また枯れ果てる季節もあり、互いに交替するのだが、この摂理は彼（神に仕える義しい者）にはもはや妥当しない――彼の活力は常に変わらず新鮮さを失わないで進展し続ける。

神の道に立ち続ける者に、次の二つの異なる人間の類型が対立している。一方は罪人である。罪人という言葉は根源的にはヘブライ語の意味に従えば、目的あるいは道を失った人たちを意味する。他方は邪悪な人である。二つの類型を相互に分けるということが根本的なことになる。確かに、比較対照的なこの形態（Form 型）は、しばしばそうであるが、ここでも単なる対立しあうのではなく補完しあうことを目指している。「邪悪な人」はここではじっさいに人間の類型つまり持続する特徴であり、これに対して「罪人」はむしろ気まぐれというある状態（Zustand）を言い表している。この〈気まぐれ〉というのは、どこにも結び付つくことをしないで、ときどきに人間を襲うものである。だから罪人はそのつど神の道を踏み外すことになるし、邪悪な人は、自らを構成する基本的な態度において、神の道に逆らってしまっている。罪人は悪を為し、邪悪な人は悪である（Der Sünder tut Böses, der Frevler ist böse）。それゆえに、罪人についてではなく、邪悪な人についてのみその道は失われてしまい、彼らは風が撒き散らす籾殻のごときものだといわれる。もし、邪悪な人についても、罪人についても、彼らは〈立ち続けることがない〉と同じように言われたとしても、だがそこには根本的な差異をもって言われているのである。つまり邪悪な人は「神の前での」「裁きに」耐えることができないのである。しかし罪人は「信頼のおける人々の共同体（in der Gemeinde der Bewährten）に」は耐えることができないということである〔5節参照〕。

「裁き」においては実存そのものが問題である。なぜなら、悪しき人間（der böse Mensch）〔この人は邪悪な人の分類に入る〕はその実存を否定してしまい、無のなかへ消滅し（im Nichts aufgehen）、その道は彼を裁くことになっている。これに対して、罪人はそれとはまったく違っている。というのは、〈立ち続けることがない（Nichtbestehen）〉ということで意味されているのは最高の審判

［神］による決断のことではないからである。それは、独自な存続［共同体の日常生活の維持］に問題が起こらないために、罪人［神の道を踏み外し、共同体の秩序に違反する者］に対してはいかなる存続も承諾できない〈人間の共同体〉［という判断基準領域］のみに関わることである。しかし、この共同体に参入することが罪人たちに閉ざされているのではない。そこでは罪人には神の道への転向（Umkehr）を実行することだけが必要なことである。この転向については、この転向が罪人に開かれているだけではなく、罪人が心の底（Herzensgrund）で転向を願うことを予感することがわれわれに許されている。罪人は、ただそのことを十分に感知したり、あるいはむしろ推測するほどにはかならずしも強くないのであるが。

では、邪悪な人たちにはこの転向は閉ざされているのだろうか。［そうではない、なぜならば］この転向は神の側からは閉ざされてはいないで――その場合にわれわれは詩篇の考察を進めることを必要とするのであるが――そうではなく転向は邪悪な人自身によってだからである。［邪悪な人に転向が閉ざされているのは］、罪人と異なり、邪悪な人が転向することを望まないからである。まさにそれゆえに邪悪な人の道は失われるのである。(3)

ここでも無論、われわれの前で、今日の詩篇解釈が次の疑問点をこじ開けたのである。その疑問点とは、この詩篇でも他の詩篇でも何らかの人間の言葉（解説書など）でも解答を知らなかったものである。それは〈神が存在するのに、なぜ悪しき意志が存在しうるのか？〉ということである。この疑問をこじ開けつつある深淵はヨブの問いの深淵そのものよりももっと無気味なまでに神の秘儀のベール（Dunkel）へと突き進んでいる。詩篇注解はその前で立ち竦み沈黙している。

注

（1）短い三節（4節、5節、6節）のなかで、「邪悪な人」が三回、「信頼のおける人」が二回、「道」が二回も反復されている。

（2）ヘブライ語の動詞「知る」(yadah) については、これがギリシア伝来の「知る」(gignouskou) とは異質であることをブーバーは他の著作でもしばしば言及している。西洋近世哲学における認識論では、認識主観がその認識の対象（客観）に対して距離を取って観察し、主観による対象の構成作用によって認識は成立する。これに比べて、ヘブライ的認識では自己と他者（主体と主体）の対話的交わり（信頼関係）が先行し、その後で、自他によってその関係が対象化され、そのことでもって客観的知を獲得する。自他の前対象化の認識が、対象化の認識を制約するのである。ブーバーの用語を用いれば、「我－汝」対話的関係が先行し、その後で「我－それ」認識関係が成立してくる。参照、拙著『ブーバーの人間学』第1部、第2章「間の認識論」(教文館、1987年)。少し飛躍するかもしれないが、「理解せんがために信じる」(アンセルムス)が他人格理解の立場には適切であって、反対に「信じるために理解する」ではどこまで知的理解が進んでも、信じる(繋がる)ところへと飛躍できない。他者理解においては科学的認識(観察者と対象の関係)には限界がある。参照、Theological Dictionary of the Old Testament. vol. V. p. 448–481. Yadah. Das Bibellexikon の Erkennen, Erkenntnis の項目参照。

(3) 三つの観点から(あるいは二段階から)人間の存在の次元を分析している。まず〈信頼できる心の純な人〉と〈罪人〉と〈邪悪な人〉との区分である。その比較を明確にしておこう。

〈信頼できる心の純な人〉とは、神の道を忠実に歩む信仰深い人である。この人が〈真の幸福〉を生きるのである。この人間の生活の基準は超越の次元にあり、救いはその神との交わりに実現しているのである。この人は神に〈知られている〉(触れている)のである。

これに対して、そうでない人間類型に〈罪人〉と〈邪悪な人〉とがあり、彼らは共に〈見かけの幸福〉を生きるだけである。彼らの相違が詩篇では明らかにされてゆくのである。一方では罪人は神の摂理を認識した上で、神に従う義の道を歩むか、その道から逸れるかにおいて、後者を選んだ者である。罪人は人生の目的を失い、意図的に〈悪を為す〉のである。罪人は実存の本質的状態に関わることである。他方では邪悪な人は、神の摂理とは関係のない世界に生きている自己の生に執する人間である。それは偽りの道を歩むことであり、その実存自体が〈無であり〉、その生は消滅へ向かっている。この神の存在を排除（無視）したうえでのさまざまな類型の人間が発生する。現代の無神論的状況で登場した〈危険に満ちた人間類型〉を挙げることができよう。

訳者解説

マルティン・ブーバー（Martin Buber）は、1878年にオーストリアのウィーンに生まれた。三歳の時に両親が離婚し、祖父母のもとでしばらくの間過ごした。この悲しい根源的経験は「出会い」を巡る彼の思索の源泉となった。その心の傷を埋めるべく心豊かな祖父母からは精神的に深い感化を受けた。少年時代には哲学的懐疑に悩むことになり、カントやニーチェを読み耽った。大学時代には、ウィーン大学、ベルリン大学、チューリッヒ大学で学び、ベルリン大学で哲学博士の学位を取得している。1923年に主著『我と汝』を出版したが、これはヨーロッパの思想界の多くの分野に影響を与えた。その後、ベルリンからフランクフルトの近くのヘッペンハイムに移住して「ユダヤ人成人教育」に携わった。そのころ、親友ローゼンツヴァイクと共に旧約聖書のドイツ語訳の翻訳を始めた。親友の死の後も独りで翻訳を完成した。第二次世界大戦の始まる直前にイスラエルへと移住し、ヘブライ大学に勤めながら、研究と世界平和の実践に努めた。1965年6月、エルサレムの自宅で87歳の生涯を終えた。ブーバーの研究活動は哲学的人間学、教育学、宗教学、神学、ハシディズム、旧約聖書学などの広い領域において成果を挙げ、四巻の著作集として出版された。現在は新たに23巻の著作集が出版されつつある。

（1）人間の存在構造と「語られた言葉」について

ブーバーの思想の基本的な構造や西洋思想史上の位置は拙著『ブーバーの人間学』（教文館、1978年）で解明した。人間は「立体的間《あいだ》」（〈永遠[1]のあなたと私〉との〈垂直的間〉と人間相互の〈私とあなた〉関係の〈水平的間〉によって成立している）において本来の存在意味を与えられる。この立体的な間《あいだ》は、ブーバーが思索を展開している場であり、対話的思惟の息づくところであった。それはブーバーのいう意味での〈祈りにおける思惟〉の働く場と表現されえよう。確かに、われわれが自己の真相に出会うのは、自己忘却の神秘的体験においてではなく、また自己沈潜においてでもない。それは実存（人間）に開かれたこの立体的間においてである。われわれは〈個々のあなた〔隣人〕、永遠に居ますあなた〔神〕〉との関係において（あなたの前に立ち、触れ合うことにおいて）はじめて意外な自己を発見するものである。その出会い以前には未知だった自己を知らされる。だからこの立体的間は、自己を映す真の鏡なのである。自己吟味という自家製の鏡には映らない自己（受け入れがたい否定したい自己、心満たされて安定した自己等々）が映る。この立体的間は対話的関係の場であり、それは客観化・対象化・固定化できない〈実存相互の呼応的関わり〉によって顕在する場である。この詩篇講解の視座は、こうした立体的間に置かれている（祈りの思惟から生まれている）と解してよいであろう。したがって、詩篇の言葉は、まさにこの立体的間で〈語られた言葉〉なのである。

くり返せば、その場は〈永遠のあなた〔神〕と個々のあなた〔隣人〕と私〉の相互的時間で起る出来事であるとも表現されよう。心を縛る「もの」（観念であり、型であり、物質である）から心が解放されたこの地平（場）は〈呼びかけ応える儚い場〉ではあるが、人間の存在の基礎に深く強く刻印されて残ってゆく。この呼応的関わりとは〈祈りという対話的思惟〉に生きることでもある。この当たり前で見過ごされやすい事実に、ブーバーは光をあてた。〈開かれた呼応の次元〉の指摘は、孤我か集団かの両極に分断された人間の窮地から、人間を救う道であった。この思想的立場は対話的思想家たち（ローゼンツバイク、エーブナー、グリーゼンバッハ、オイゲン・ローゼンシュトック・フッシー等）といわれる思想的位置である。もちろん、西洋思想史のなかで、このような視座が提起されたことがなかったわけではない。ただブーバーがそれに適切な表現を与え、閉ざされた生に〈真の解放の道〉を示したのである。われわれの日々の生活の体験を反省する視座をブーバーに学ぶ。この視座が日々生きて働く支えであることをますます深く感じる。

（2）ヘブライ語『旧約聖書』をドイツ語に翻訳する意図について

ブーバーは聖書翻訳（ヘブライ語原典からドイツ語への翻訳）の視座について説明している。そこでブーバー研究書から学んだことに言及しておきたい。

『詩篇』は〈永遠に居ますあなた〉への助けを求める切実な叫びであり、苦悩に満ちた告訴であり、また溢れる感謝であり静かな慰めの応答であった。『詩篇』は〈永遠に居ますあなたと私〉との対話(祈り)であった。これは読み物ではない。慰めにみちた真実な呼応の表現であった。詩篇は〈読まれる〉のではなく、それを通して私たちは〈語りかけられている〉のであり、〈応答しなければならない〉のである。詩人は立体的間に生き、そこから祈り、思索し、生きる意味と力（ヘブライ的存在ハーヤーと言葉ダバール）を得ている。言葉は読まれる以前に根源的には立体的間で起った対話的出来事である。この言葉の中へと語る者は自ら出で立ち、また言葉を聞き受ける者もその言葉の中へと出で立ち生きるのである。人間は語られた言葉のなかに住み、心はその言葉を食べて生きるのである。この言葉において「私とあなた」は共在し交わる。言葉は〈言霊〉と表現されるように、言葉は立体的間を吹く風（霊ルーアッハ）に譬えられ、それは実体化できない働き（動的関係力）そのものなのである。[2]〈語られた言葉〉はそうした〈力〉をもっている。まさに言葉は関係の働きとしての立体的間が形態化したものである。

ブーバーは現代人が聖書に向かう態度を批判して、「耳を傾け聴きつつ語ること」から離れてしまい、羊皮紙（印刷物）にしてしまっているという。多くのドイツ語訳聖書が現れながらも、そこに見られる姿勢に抗すべく、ローゼンツヴァイクと新たな独訳を始めた。[3]言葉の本来の「発言性（Gesprochenheit）」を回復すること、「書かれたもの」を「語るもの」につまり聖書のテキストを「語りかけの言葉」に変えることが意図されているという。[4]それには、言葉の起源の場である立体的間が人間において開かれ、そこに〈言葉が戻され再生すること〉が求められる。[5]こうした聖書理解の立場に関する解明はこの解説の域を越える課題であり、私の研究能力をこえる。[6]

ヘブライ語旧約聖書のドイツ語への翻訳は、1925年5月に友人ローゼンツヴァイクと共同で始めた。その時にはローゼンツヴァイクはすでに病魔に襲われていて、1929年12月に死去。その時、翻訳は『イザヤ書』(53章)まで進んでいた。以後の翻訳はブーバー独りで続ける。そしてこの翻訳はついに1961年2月に完成したが、まさに36年間の苦闘であった。

(3) 翻訳された五つの詩篇の構成について

ブーバーの Recht und Unrecht の思索の中心には、上述の視座が働いている。この著作を刊行したのは1950年(ヘブライ語版、ドイツ語訳は1952年)であるが、それは彼が晩年72歳の時の著作である。(この詩篇講解出版の15年前の1935年に詩篇のドイツ語訳は出版されている)。それだけの経験の積み重ねを必要とした著作であったともいうことができよう。長年の多様な経験が背景にあってこそ、これだけの圧縮された内容を持つ詩篇講解が生まれたのだと思わざるをえない。この詩篇講解を理解するのに役立つと思われる次の二点を述べておきたい。

第1に、この『正と不正』の構成と問題の所在について前掲拙著に説明しているので、それに言及しておきたい。(1)『詩篇』は全部で150篇あるが、このなかで特に本書で取り上げている5篇が選択された意図はなにか。それは、選ばれた5篇の講解によって社会的歴史的現実の真相をつきとめて、この危機的状況の根源的原因を明らかにすることであった。それは「悪」であった。そして、悪からの救いの道を探求した。彼はこう述べている。「5篇の詩篇の解釈は自覚的現存と神への近さとしての真に実存することとの間の区別についてこの詩篇がわれわれに語らなければならないことを明らかにするであろう、それゆえに、この解釈は実存的釈義の試みと言い表されてもよかろう」（Werke II. S. 954）。(2)この詩篇講解で選抜された5篇の講解の順序についてである。12篇、14篇、82篇の三篇においては現実の危機的状況の分析を意識しながら講解している。次の73篇、1篇の二篇は危機的状況からの救済の道とこの混沌とした歴史的状況が展開して行く方向を予言者的観点から展望している。73篇は、この転機を語っていて、1篇は『詩篇』全体のまとめである。こうして現実認識からはじまり、その認識が飛躍的展開を遂げ、次に新たな展望が開かれてゆくという論述の順序になっている。

第2に、この著作の内容の要点を紹介しておきたい。拙著には当時の私の理解が要約されているが、この著作が実に含蓄の深い内容を含んでいるので、その後の私なりの解説を付加しておく。この著作の理解は各自の経験に基づく視座で行うしかないことではあるが。

詩篇「12篇」の要点

暴行は自然の本性が拡大したものであるが、偽りは人間自身の内から生まれ自然に持ち込んだ虚構である。不正は社会的秩序を破壊することだが、そこにも偽りが潜んでいる。偽りは個人を超えて「世代」の問題になっている。次に、人間には言葉に含まれている否定的な力によって自己を壊敗してしまう危険性があるが、神の言葉はその人間を救済する力を持つ。つまり人間を自由にする。だが、その自由には人間相互の善意志と誠実がなければ、偽りが侵入する。現実に横行する偽りの〈作用、構造、どこに生まれる妄想か〉が解明される。最後に、この状況から神は人間を救済することを詩篇作者は洞察する。神の審判は地上の弱く貧しく迫害された者を現実の歴史的時間において救う。そこで、神の真理に自らを委ねている人間を神は必ず救済される。

詩篇「14篇」の要点

詩篇作者の痛烈な非難はイスラエル以外の民に向けられたものではなく、イスラエルをも含めた全民族の問題を指摘しているのである。イスラエルの民は義しく、他の諸民族は「神を否定していて虚しい」のではない。事実として本来の義なるイスラエルとは、イスラエルの一部にすぎず、多くは堕落している。イスラエルという有機的共同体も内実は切り裂かれている。

神は圧迫された者たちの避難所であり隠れ家である。彼らはシオンからの救い主の到来を祈りもとめているが、そのシオンというのは地理的場所ではない。神に忠実な者と背教者との裂け目は民族、集団、個人の魂を貫いて開かれている。ここに現代の危機の根源がある。

詩篇「82篇」の要点

詩篇の構成と詩篇で反復使用されている言葉とその回数を明らかにすることから考察が始まる。神と神によって集められた者たち（諸民族の神々＝地上の王たち）の共同体との関係は、同一平面での水平的並列の関係ではなく、イスラエルの神（ヤハウェ JHWH）は他の神々を超越していて、彼らを裁く垂直的上位の位置にある。真の神と神から地上の支配を委託された諸民族の神々（諸民族の王たちを指す）とは、次元を異にしていて、真の神は他の神々を超越していて、その高みから神々を審判する。諸民族の神々は真の神の指示のもとで、地上の国民を支配するのだから、天と地の中間に位置していると表現されよう。ところがこの〈中間的存在者〉である王たちが真の神（JHWH）から授かった尊い使命を果たしていないで、不正を行い、弱く貧しい者たちを迫害している。だから、この中間者たちを廃棄すべく裁いてほしいと詩篇作者は真の神に懇願する。われわれがこの詩篇に学ぶことは、現代の危機的諸現状は、まさしくこの中間的存在者である指導者たちの高ぶりや無智が原因となって、真の平和と秩序の実現が妨げられていることである。

詩篇「73篇」の要点

ブーバーはこの詩篇には特別な関心をもっている。43歳の若さで病没した親友ローゼンツヴァイクの埋葬の時に、ブーバーは墓碑の前でこの詩篇について語った。また彼は、この詩篇には年齢を重ねるにつれて一層強く惹き付けられてきたが、「私が思うに、その理由は、ここには人間がいかにしてその人生経験の真の意味に到達しえたかということが報告されていることや、この意味が直接に永遠なるものに触れていることにある」（RU, 973）と記している。ブーバーは1965年6月13日午前、87歳でエルサレムの自宅にて逝去、エルサレム郊外のハメヌコート墓地に埋葬された。その1ヶ月後、7月12日に簡素な墓標の除幕式が行われたとき、ブーバー自身の要望にしたがい墓石には氏名・誕生日・死亡の日付けの外に、この『詩篇』73篇23–24節がへブライ語で刻まれている。

さて、初めに、人生経験の深まりにしたがって、この詩篇の意味の理解が深まるものであり、この経験によって「直観」力を身につけることが大切であると記されている。詩篇を理解する側の経験の質が問われているのである。

詩篇作者は若き頃に現実を観察してみると「良くない人が栄えている」ことに疑問をもち、神様は不公平であると不満を訴え、神に正義の実現を願った。だが、神はイスラエルに、心の清い者に恵み深く慈悲を啓示されることが理解できるようになった。だから、この慈悲に気付くためには、人間の側が心をきよめようと努力しなければならないという。

そこで、ここから次の論点に移る。ブーバーは人間の本質的（基本的）状態を二つに区分する。これは「罪を犯す人たち」か、「罪を犯さない人間」かの間の区分ではなく、次の通りである。

（1）心の清き人たち——神に近づこうとする者、神の慈悲を体験している者（宗教心のある者）、実存の本質状態をいう。（2）心の清くない人たち——神のことには無自覚な者（宗教心のない者）、虚構のもとに生きる者、この人の人生はうまくゆかない、この人に神は恵み深くない。

これが最初の人間類型の分類の観点であり、次に左記の人間類型の区分が為される。（1）では（ア）「罪人」とは、神に対して反抗する自己中心な人間のことであり、このことは、（1）でも起こる。（2）ではその生の状況そのものが罪のなかにあるといえる。（イ）「邪悪な人」とは（2）に固執する人間のことであり、「心の不純さに意志的に固執する者」である。（ア）か（イ）であるかは「心」が決めることであり、心の決断によって二つの「誤った道」が決められる。一方は、邪悪な人の繁栄を嫉妬したことから生じる。他方は、神の知恵による支配を否定することから生じる。

この二つの誤った道を反省する観点が、人生経験が深まるにつれて変化してきた。この変化は神への「呼びかけ（Anruf）」によって実現している。それは、神との人格的呼応的関係を回復し、「神の子供」となることであった。そのことによってこの世の矛盾を「精神の目」でもって洞察することであった。そのことを神の慈悲を体験している「心の清らかな者」は、「神の聖所に行き」はじめて知った。この「行く」は神との結びつき（交わり）へと向かう「心の中の行為」（ブーバー『預言者の信仰Ⅱ』高橋虔訳、みすず書房、149頁）である。ここに「神の神殿があり、神の奥義の建物」（同頁）がある。

このように、「神の秘儀に近づく者は〈常に〉神のもとにあることを経験するのである」。神が示されたこととは、「常に相互に共に在る」の経験である。神が民に「あなたと共にある」と語りかけ、民が神に向けて「わたくしはあなたのもとに常にある」と応答する。これが「中心となる経験」である。神が人間に現れるのは「恒常的な神託」という出来事ではなく、「忠告」でもなく、神の「現臨」としてである。それは闇のなかにある者が光へと導かれることである。

こうして人生の経験の意味と人生の視点の変化が生まれたが、それは「死」の意味と観点の変化を生むのであるが、それは善なる神が心清き者を捉える出来事である。死は神によって「受容される」ことであり、「取り去られる」ことである。

ここで、「死」をめぐり、二つの人間の類型が別れてゆくが、それは次の通りである。

一方の類型は「心の清い者」であり、この者は真の人間の存在態である〈実存に近い〉のである。この実存は生きる確かな根拠を存在そのものである神との関係に持っている。心の清い者は真の実存である神に近くあって、「実存を生きる人間である」。この者は死において、神に自己を委ねて、神に受容される。この者は「天の祝福の領域」につながってゆくと表現される。天国とは肉体の死後の彼方のことではなく、〈神と共に常に在るという事実（神の支配のもとにある）〉

のことであり、物理的な時空のことではない。「天国に入る」とは「ここが天国であること」を自覚するところに起こる。「不死性」とは自然的な時間の延長のことではない、つまり「時間の次元の継続」ではない。

これに対立する他方の類型は、「邪悪の者」である。この者は「欠落した存在者」であり非存在（亡きに等しい者）であり、神から遠く在る人間である、したがって、黄泉（シェオル）に留まる。この者の死（人格の死）は無為無知のなかに没入することである。このように、この者は行為と自覚において神とは関係のないところで生きる。この者は自己の盲目的な欲に振り回されて、己の振る舞いがどのようなものであるかがわからない。このようにして、邪悪な者は、真の在り方である〈実存から遠い〉のであり、「実存に関与しない人」である。

善人（Guter）の人生は好転し、悪人（Schlechter）の人生は悪転するというのは、現代思想の用語で表現すれば、こうである。悪人とは「ほんとうに実存しない（nichit wahrhaft existieren）、したがって無きに等しい、つまり「非存在（Nichtexsistenz）ということであり、「滑り易い所に置かれた」とはそういうことである。それは「一瞬（im Nu）」に起る。

以上から、心の清い者であろうと努める者には、死は黄泉に呑み込まれることではなく、救いの手に捉えられることなのである。この詩篇の作者は神に向かって「もし私が人生を終えてしまうとしたら、私の現存在の充実（Erfüllung meines Daseins）のもとで死ぬだろう」と語っている。今現に生きることが神と共に在ることであり、これは霊的な人格（実存）の「いのち」のことであり、その肉体の生きることも死ぬことも、神との関係のもとでなされているのである。〈あなたのもとにある〉とは〈あなたから切り離されている〉ことではないということである。死において心（魂）も肉体も消えるが、心の岩つまり神（真実な分け前・運命）は永遠である。「この永遠は時間のあらゆる在り方から根源的に区別されている」。この永遠は実存的永遠であり現在的永遠であると言えよう。このようにして心の清い者の歩む「正しい道」は神へと方向づけられた道である。

次のことを追記しておきたい。詩篇作者は邪悪な人（この世の人々）の歩みを俯瞰する視座の決定的な変化を聖なる所に立つことによって体験したが、この視座の180度の移行は、詩篇作者自身が闇のなかで暗中模索していた日々から解放（救済）された個人史においても起こっていたのであった。彼は聖所にて神の視座に気づかされた。「聖所」とは神と交わる祈りの心の世界のことであり、神の視座に気づいたとは、「神」との関係が律法を前にしての悪戦苦闘から、「神さま」に「あなた」と呼びかける対話的交わりの関係へと質的な転換が起こったということである。律法の設定者として遠く隔たりのある神から、近くに共に居たもう神さまへの転換であった。ブーバーの表現を用いれば、「わたくしと物」の関係から「私とあなた」の関係への飛躍であった。詩篇73篇「20節－22節」に告白されている体験は、長い闇夜でうなされつづけた悪夢から覚めた時の安堵と感激に譬えられよう。彼は23節で決定的な回心の体験を告白する。そこにおいてこそ、信仰の心にこの世の実相が明かされる。詩篇作者は「神さまの意図はそうであったのか」と知らされ、過去のすべてを今は恩恵として受容できたのである。20節－22節に関して、ヴァイザーの次の注釈を追加しておきたい。詩篇作者には「まったく新しい現実の領域が開かれた」、「事物を、とりわけ自分自身を、以前には見えなかった新しい次元のなかで見る」、「見えるものの基盤を思考の出発点とするのをやめて、神の見えない現実に頼る」、「新しい認識に面して、疑惑と心の悩みに責められた時の苦しい記憶は、それを克服した――より適切な表現を使えば、神に打ち負かされた――人間の幸福感を織りまぜている」（ATD旧約聖書註解第13巻、1985年、塩屋饒訳、221頁）。

詩篇「1篇」の要点

ヘブライ語のトーラーは書かれた条文としての掟・律法と訳されてきたが、客観的規則というのではなく、神との対話的関係において語りかけられた内容であり、神の意志の表現であるから、「指示」と訳すべきであり、それは人の歩むべき道を指し示すことを意味する。(7) 次に、〈信頼できる人〉と〈邪悪な人〉と〈罪人〉の差異について述べている。

〈信頼できる人〉は、神の示す道を誤りなく歩む人であり、その道は輝いていて、当然のことながら神に知られている。「知られている」とはヘブライ語では「触れられている」「交わる」(呼応的関係に生きる相互主体的知)ことを意味するのであり、主客認識論での対象的知ではない。

〈邪悪な人〉は、もともとその道を知らずに自己中心の歩みのなかで彷徨っている人であり、そのことが神に逆らっている状態なのである。だから邪悪な人は、神の裁きに耐えることができない。しかも神の示した道への復帰を邪悪な人自身がそれを望まないだろうから、道への復帰の可能性さえない。だから彼にはまさに道が失われてゆく。

〈罪人〉は正しい道を意図的に踏みはずす、つまり目指すべき目的や方向に離反する人である。罪人は道を逸れているので、信頼のおける人たちの社会共同体のなかには暮らせず、その道に復帰する可能性は秘めているが、このことも自力で可能とは思えない。

以上のことから、罪人と邪悪な人を比較して、「罪人は悪を為し、邪悪な人は悪である」と説明されていることの意味が理解できる。

この詩篇では、人間の「真の幸福」とは神との呼応的関係のなかに生きることであり、これは〈信頼できる人〉のものであるされる。この「真の」意味は認識論的内容ではなく、「真実の」という実存的倫理的内容である。

注

（1）神の現在が〈永遠である〉というのは……〈永遠の〉あなたが存在することではなく、〈永遠に〉あなたが〈居ます〉(das *ewig Du-Seiende*) ことを意味し、〈あなたとの出会いの具体的な現在 (Gegenwart)〉を意味する。神が絶対的で永遠的で無限的であるというような概念化（表記）は、神自体の特性の表現ではないことはよく反省してみれば分ることである。ひとは神を知り得ないのだから。この概念化は、「私と神」との〈関係性〉の特性を対象的に表現したものである。私が神に関わる関係性が絶対的であるとき、神は私にとって絶対者となる。私が神に「いつまでも永遠に関わり続ける」ことを信じるならば、その神は永遠者である。私が神に「あらゆる限界を超越した関係を持ちうる」（限りなき愛、無条件の恵みを授受する）ならば、神は無限なる愛そのものなる存在であると表現される。神との関係が超越的である（功利主義的、生命主義的、権力主義的関係を超えた関係であるから）からこそ、神は超越者と表現されるのである。そして、私もその神に対応する特質を持つ者とされるのである。反対に、関係性が稀薄で条件付きであり、超越的でなく真摯でないならば、そこに関わっている存在者もそのような特徴をもつものとみなされる。Vgl. M. Friedman: Begegnung auf dem schmaren Grat, Martin Buber–ein Leben, 1999. p. 216

（2）Vgl. M. Buber: Über die Wortwahl in einer Verdeutschung der Schrift, in:Werke II. S. 1127–1128.
ブーバーはヘブライ語ルーアッハ概念について考察していて、その自然的形態での風とその精神的形態での霊を統一的に（決して分離しないで）表現しようとして「神から発出して鳴り響いてくる根源的風吹（von Gott ausgehende brausende Urwehen)」(S. 1127）と解説している。『詩篇』に関してはブーバーには論考「詩篇のドイツ語訳について」（Zur Verdeutschung der Preisungen, Werke II. S. 1164-1165.）があり、そこでは詩篇における「霊」概念について述べていて、詩篇は五書や歴史書や預言書に比較して、創世記に含まれている「霊」の根源性を継承しているという。それは自然の風と霊の風が分けられる以前の実存的体験という具体的な事態である(vgl. S. 1165. M. Buber: Zwei Glaubensweisen,in:Werke I. S. 742 f.)。ところで、「霊」は対象化できない自他間の呼応的関係力であって、主観の方にも，客観方にも実体的に定位されえない。霊を実体化して授受できる「もの」と誤解し、特別な霊的能力（超能力現象や霊媒現象）異様な体験（感情高揚や自己陶酔による自己神化）のように理解するようになって、その霊力を巡る迷妄が発生してきたように思われる。霊は特別な人が特別な仕方で感受できる内的能力や感受性ではなく、異常な非科学的な現象ではない。霊は、日々の生活で風に吹かれる具体的な体験で感じるように、実は自己と自己を取り巻く他者との間で体験している「実存的関わり」（人間の全体を動かす働き）である。われわれはそのことに無自覚なだけであるといえよう。言葉がそうであるように。

（3）Vgl. M. Buber: Ibid. S. 1111. この論考は副題として「フランツ・ローゼンツヴァイクの記念に」と記されている。

（4）Vgl. G. Wehr: Martin Buber, 1968 , S. 101. ブーバーの指摘のように聖書は特に詩篇は神さまとの対話の記録である。今、私は「神〈さま〉」と記したことになにかを気づかれた方もいると思います。祈りの初めに、「神！」と語りはじめるだろうか。「神さま！」と呼びかけるのが、日本人のわれわれの自然の心の態度ではなかろうか。そのことについて記したい。

　語るときでも、文書に記すときでも、「神」と表現する場合と「神さま」と表現する場合とでは、「私」の態度が異なることを実感していて、そうした表現の違いに伴う違和感に若い頃から疑問を抱き続けてきた。その原因がどこにあり、またそれは当然の疑問であることについて、ブーバーの思索との出会いによって納得できた。「神さま」を「神」と呼んでいる私の心の態度を振り返らなければならないのである。

「神は云々」と言う時には、語りかけているのではなく、対象物として説明している私がいる。神という「もの」を観察しながら、他のなにかを説明するのと同じ態度で関わっている。そこでは、ブーバーの用語にしたがえば、私は「我－それ」態度で、「神という言葉・概念・観念」に関わっていたのである。そこには呼びかける相手はいない。これに対して、私が「神さま」と呼びかけるときには、まさに語りかけている私がいて、そして語りかけられている「あなた」がいる。その私の心の態度は「神さま、私は〈あなた〉の前に跪いています。恵みを感謝し、己《おのれ》の罪を告白します」と語っている。私は観察しているのではなく、「神さまという心ある相手」に私の心を向けながら、あなたの声に心を澄まして聞こうとしている。表現としては、「さま」を付けるかどうかの差にすぎないのであるが、しかしそこでは「神さま」に対面する私の態度に決定的な質的違いが起こっていることがわかる。詩篇を翻訳しながら、心の中では「神さま」と呼びかけながらも、文書では「神」「彼」と書いている。詩篇は対話でありながら、読み物となっているとしたら、ブーバーひいては詩篇作者の意図に反することになる。このことを自省を込めて記しておきたい（本書12頁注（2）参照）。

（5）Ibid, S. 103.「人間と言葉」については前掲拙著『ブーバーの人間学』第3部第2章参照。

（6）ブーバーの聖書翻訳に関しては研究著作・論文が公刊されている。日本語文献としては堀川敏寛『聖書翻訳者ブーバー』（新教出版社、２０１８年）があり、「ブーバーの聖書翻訳論研究の動向」（49－52頁）が参考になる。そこには、ブーバーの対話的原理と聖書釈義・翻訳との関係が検討されなければならないという研究者（メイール）の見解が紹介されている（51頁）。ところで、神の名前を讃える言動（称名）は、この立体的間にて〈永遠にいますあなたと私〉とが出会うことであり、存在の証の言動であると考えられる。（参照、堀川前掲書、第5章「神名の翻訳における我—汝」、結論「汝としての聖書——語られる言葉と書かれた言葉」）。

晩年のブーバーが『詩篇』73篇をめぐっていかなる態度をとっていたのかにつき以下参照。M. Friedman: Martin Buber's Life and Work vol. 3 – The Later Years 1945~1965. p. 409–410. G・シェーダーはブーバーの最晩年（1961–1965）における出会いと友情のもとで、聖書翻訳に関する情報を記録している。C. Schaeder: Martin Buber; Hebärishe Humanismus, 1966, Vandenhoeck & Ruprecht, Göttingen. Kap. 7 Die Bibel.

（7）ブーバーの「トーラー」論に関しては、拙著『マルティン・ブーバー研究』渓水社、2004年、242頁参照。イエスとパウロにおけるトーラー理解にも言及している（246頁以下）。

訳者あとがき

ブーバーがこの著作を出版したのが1950年（年齢72歳）であったことを想うとき、ある感慨をもつ。私が本書の翻訳を試みたのは、1980年（昭和55年）春であり、36歳の時である。今から反省すると、本書の理解ができる程の「経験」が私にはなかったので、翻訳が進まなかったのは当然なことであった。著作の背景にあるブーバーの経験の豊かな内実が私には理解できていなかった。世界史の激動の場に生きたブーバーの豊かな広い経験は私の想像を絶するものである。理解できていないままの翻訳を公表しないでいて良かったと今は思う。

私はその後35年余りを経て、理解が少しは深まったかもしれないので、放置していた翻訳原稿の検討を2017年（平成29年）に再開した。私が経験してきたことを貧しいながらもたぐり寄せながら、ブーバーの文章の意味を理解すべく苦闘したのがこの翻訳である。私は73歳になっていた。しかし、ブーバーのような経験が私にはないので、どこまで共感をもって読むことができたか不安であるが、繰り返し読み、考え、翻訳してみた。そこで、この他者理解の立場は、従来の他者理解論では類推説・解釈学の立場であるが、自他の経験が同質でない場合の限界を自覚するとき、その自他の限界（制限）を超えるためには自他の対話的理解が不可欠であると思った。これこそブーバーの立場である。

公刊にためらって原稿を放置していた私を強く後押ししていただき、出版社ヨベルを紹介してくださった金子晴勇先生に心から感謝申し上げたい。振り返れば、この機会が与えられたことは不思議なことであり、有り難く思う。ヨベルの社長、安田正人氏には出版にあたり有益な提案と助言をいただき、その上に多くの時間を要する煩瑣な校正を担当していただき心より感謝申し上げたい。おわりに、貴重な意見で励まし校正を手助けしてくれた妻まりに感謝したい。

２０２３年４月９日　　故郷、鳥取の片田舎にて

稲村秀一

《付録論考》

現代の精神状況における「神の蝕」

第一節　隠れた神と現代の思想状況

「神学の秘密は人間学であり、神の本質の秘密は人間の本質である」[1]という提言はフォイエルバッハによるものであるが、ここに指摘されていることは近代以降の学問の立場と方法の特質であり、それは人間学的還元あるいは解釈といわれる。[2]人間の創造した文化現象には、それを創造した人間の存在構造が表現されていることは当然のことであり、人間が創造したものの特徴とそれを創造した人間存在の特徴に対応関係があることは容易に推測できる通りである。人間の存在構造が文化現象に反映しているのである。さらにいうならば人間の自己理解の表現の歴史が文化現象の展開の歴史であった。ある時代のある地域の文化現象はその時代のその地域の人間の生き方が表現されている。この場合次の論点も忘れてはならない。つまり歴史的―地理的に異なる時点を超越した普遍的真理が、それぞれの多様な時と場に制約を受けて現われていることである。文化現象として現われてくるのは、歴史的―地理的（時間的―空間的）に単に限定された人間の特殊な存在構造であるということではない。普遍的な真理が特殊な限定を伴なって現われてくるといえよう。問題は、普遍な真理がその特殊な存在者を通して顕在できているのか、できなくなっているのかである。

そのように考えるならば、現代のわれわれにはしばしば理解し難くなった文化現象が、ある過去の時代に実現していたということは、当時の人間の存在構造が現代のわれわれとは異なってい て、そういうものが理解される存在構造であったということである。一般論であるが、例えば東西の中世においては神的存在の問題は人々にとって最も身近な問題であったが、現代のわれわれにとってはあまり関心を集めない問題となり、むしろ回避すべき時代遅れのテーマになってしまっている精神的状況があるということは、われわれの存在構造(功利主義、実用主義などに強く支配された生き方)が当時の人間の存在構造とは異質なものへと変化しているということが根本的な原因となっていて、それが反映していると考えられよう。比喩を用いるならば、現代のわれわれの鏡には聖なる次元は映り難くなったということである。この場合に生まれる疑問は、本当にそのような聖なる次元は存在しないのか、そうではなくてそのような次元がわれわれに映らなくなったというだけのことなのかということである。聖なる次元を現わすことのできない現代のわれわれの認識の能力や存在構造が問題なのか、本来そういう次元は存在しないものだったのかという疑問が起こる。これに対して、そういう次元が存在しないのではなく、現代のわれわれの生き方には聖なる次元が映らなくなったというのが真実であると考えられる。それはどういうことであろうか。

ブーバーは、この現代の精神状況を「神の蝕《しょく》（Gottesfinsternis）」と呼ぶ。「天光の蝕、すなわち神の蝕という事態の出現、これこそまことにわれわれが生きている時世（Weltstunde）の特徴である」（Fin, 520）。ではこれはどのようなことであろうか。「いったい日蝕《にっしょく》という現象は、太陽とわれわれの眼との間におけるひとつの出来事であって、われわれの眼そのものの内でのことではない」（ibid.）。つまり、日蝕は太陽とわれわれの眼の間にその直接的関係を邪魔するために障害物（月）が侵入することによって起こる。太陽が存在しないわけではなく、またわれわれの眼に原因があって日蝕が起こるのでもない。その原因はわれわれと太陽の間の障害物にある（vgl. Fin, 597）。それが原因でわれわれには太陽が見えなくなるように、われわれと神的存在との間の障害物によって神的存在がわれわれには知られなくなっていると考えられよう。神が存在しないのではなく、神が現代のわれわれには隠されているというのである。ブーバーは「神の光の蝕は、〔神の光が〕けっして消えたということではない。明日にでも〔神と人間との〕間に入ってきたものの

(das Dazwischengetretene) が退いていることもありうる」(Fin, 599) と述べているが、それはいかにして可能であろうか。

一九世紀後半に登場したニーチェは「神は死んだ」[3]と宣告したが、この宣告の余韻は次第に強く響き渡り現代の精神状況の基調になっている。ブーバーはこの宣告の意味を問い直してみる必要があるのではないかという。彼はサルトルの「神はかってわれわれに語りかけたが今は神は沈黙している」[4]という文章を真摯に取り上げる。この文章でサルトルは「昔は神に聴従していると思っていたが今はこのことをもはや考えることは不可能になってしまった」(Fin, 551) といいたいのかもしれないが、われわれはもうすこし深く考えてみる必要がある。つまり「神は以前にはわれわれに語っていたが今は沈黙しているということは文字どおり真実であるかどうか、そしてこれはヘブライの聖書がそう理解してきたように理解されるべきではないか、つまり生ける神は単に自らを啓示する神であるだけではなく、『自らを隠す』神〔イザヤ書45・15。参照、同書、8・17、54・8、58・8〕であると理解すべきではないか」(ibid.) と。この「神は死んだ」という宣告は、神が自らを隠してしまい、人間は「人間から絶対的に独立した現実性を把握することができず、それに関わることができなくなってしまったということ以外のなにものでもない」(Fin,

511）ということではなかろうか。このように現代の精神状況に進行している事態を分析することができるならば、次のようなブーバーの指摘は納得できるものである。「このような隠蔽《いんぺい》の時代に、このような神の沈黙の時代に生きるということは何を意味するのかありありと描き出してみよう。そうすれば、われわれの現存在にとってそこから何が結果するかに関して、サルトルがわれわれに教えようとしたものとはまったく異なるものをおそらく経験することになるだろう」（ibid.）。ではこの〈隠れた神の沈黙の時代〉に居るわれわれは、この沈黙に何を学ぶことができ、どのような新たな経験ができるであろうか。

世界の現実を直視するならば、「愛と正義の神」がこの世界を支配しているとはとても思えない。もしそのような人格的神が生きて働いているならば、この世界の理不尽な出来事をいかに説明できるだろうか。神は沈黙を守っている。否、神は存在しないと誰もが叫ぶに違いない。ナチス政権がユダヤ民族に行なった残酷な行為をユダヤ人ブーバーはどのように受けとめているのだろうか。ヤハウェの神はアウシュビッツとヒロシマで救いの手を差しのべただろうか。イスラエルとパレスチナの間の殺人的戦闘で信仰深い人々は、神の掟「人を殺してはならない」（十戒の第六戒）をどう受けとめているのだろうか。

このような課題に応えるためには、神が自らを隠していると同時にわれわれが神を隠している原因を明らかにしなければならない。それは「この神と人間との間に介在して、この間を破壊しているものとは何か」という問題である。そもそも、この日本語の「神」という言葉そのものは何を意味しているのか。だが、これはこの日本語の意味が探求されるべきだということではないし、「神」が諸国語でどのように表現されているかということではない。そうではなく、この言葉で何が問題となっているかが課題なのだ。この言葉の代わりにXでもYでもかまわない。この言葉「神」が指示しているものが何であるか知られていないならば、上述のような原因の探求は不可能ではなかろうか。この言葉が雑多な内容を含んでいるものだから、われわれが同じ言葉を用いて意見交換してみても理解が深まるどころかますます互いの意見の隔たりを知らされるばかりである。また、この場合の「知る」とはどういうことであろうか。

本論に入る前に述べておくべきは次のことである。さきに「間」に雑多なものが介在して障害となっていると述べたが、その「間」とは、ブーバーの思索の基本的視座である「立体的間の領域(5)」——これは神と人間との垂直的間、自己と他者・自然・文化現象との水平的間によって成り立っている——のことである。それはまた実体化できない超越的世界とも表現されよう。この超越的世界の喪失が、現代のわれわれの思想状況の特徴であるということができる。この超越的世界とは、超感性的―観念的世界ということでもなく彼岸的世界ということでもない。これは実存相互において、また実存と自然や精神的存在者との間において、さらに実存と永遠的他者との間・において成立する「我―汝」の関わり（Ich-Du-Beziehung）の世界であるといってよい、ブーバーによれば、こうした世界の破壊現象が現代に進行している病的現象の最も深い原因なのである。ところが、実存はこの世界の成立においてその本来性を見いだしうるのであるから、この世界の破滅現象はたちまちに実存の存在構造の崩壊現象につながることになる。このことは超越的世界を失った近世以降の世代においてすでに経験されている。それは一般論であるが、近世以降の自我中心的な個人主義思想や実用主義的真理観が一方的に支配している時と場で、しばしば多くの精神の病の現象が発生し易いところにみられるだろう。[6]〈自我の自覚史〉であるともいえる近世以降現代に至る西洋精神史において、われわれの思索は自他の超越的間を主観の自己内的関係に還元して理解してゆくが、ブーバーによれば、そのことによって起こっているのは「人間の構造が砕かれてしまう」[7]ということであり、「これが現代の特徴である」（Fin, 519）と指摘される。もちろんこの現象は現代という歴史的経過における時代的現象に制約されないで、いかなる時代や場所であれ実存が超越的世界を失うところには起こっていると考えられる。すなわち実存が他者との「我—汝の呼応的関係の場」つまり自他の共同の世界へと心が開かれることのない状態が「超越的世界を失っている」という表現なのである。こうした意味での超越的世界を失うことによって、その結果かえって自己の存在根拠や本来的な存在形態を失うことになってしまっているということである。この過程は近世以降のヒューマニズムの思想運動が、その本来の超越的根拠を失ったために単なる感性的自己、利己的自己、権力的自己の追求になってしまい、ついにはこの人間中心主義が自己破壊主義へと変質してきているところにもみえる。すでに現代の常識になっている「神の死」「神という言葉を空虚な響きとしてしまったこと」などと対応するかのように発生する「人間の自己主張の自己破壊的現象」「目的なき拡大増加への果てしなき運動」「敵対者同志が自己防衛のために費やす無駄な生命力」などの現実を経験する。このような現代のわれわれの精神状況をブーバーはこう描いている。「この名前〔神〕で意味されている者はその永遠の光のなかに生きている。しかし『〔神を〕殺している者』であるわれわれは、死に引き渡されているものとして留まり、暗闇のなかに（in der Finsternis）居を構えている」（Fin, 520）。そこで、「神の蝕」換言すれば「隠れた神」「隠された神」の現象に関するブーバーの見解をさらに詳しく考察してゆきたい。

この考察の資料は主として、ブーバーが1951年秋から1952年春にかけて初めてアメリカへの講演旅行を行なった時の講演を基に編集して完成した『神の蝕（Gottesfinsternis）』である。彼は1952年に英語版を出版し、ドイツ語版は1953年に出版している。この講演旅行は実にブーバーの74歳の時である。この著作には最晩年に至るまでのブーバーの経験と思索が結晶しているといえるだろう。この講演の背後には、現代の世界で起こっているさまざまな次元での無秩序と混乱への鋭い観察がある。この講演集には七篇が編集されている。(8) 本論考はこの七篇の内容を中心にして、ブーバーの宗教哲学ともいうべきものを解明したものである。

第二節　神の蝕の人間学的構造

一　神の蝕と「神」という言葉

ブーバーは『神の蝕』のはじめに「二つの対話についての報告」を編集しているが、その第二の報告は、彼がある老思想家の客となった時の報告である。ブーバーが老思想家の求めに応じて、自分の著作の校正刷りを読んで聴かせた時、この思想家はブーバーに次のように尋ねた。

「なぜあなたはそんなに何回も繰り返して『神』と言ってしまうのですか。あなたがその言葉を理解されたいと望んでいるような意味で、あなたの読者が理解することをどうしてあなたは期待できるのですか。その言葉であなたが考えていることは、確かにあらゆる人間的な把握や理解の域を越えています。まさにこの域を越えているものをあなたは考えています。しかしあなたはその言葉を語ることによって、その言葉を人間的な把握に対して投げ出してしまっているのです。人間の言語のなかで、どのような言葉がこの言葉ほど誤用され、汚され、傷つけられているだろうか。この言葉のゆえに流されたあらゆる罪なき血はその言葉から輝きを奪ってしまいました。この言葉が隠すことを甘受してきたあらゆる不正は、この言葉からその刻印を消してしまいました。もし私が最高存在者を『神』と呼ぶのを聞いたなら、それはしばしば私の前に神の冒瀆のようなものとして現われるでしょう」(Fin, 508-509)。

この指摘にブーバーは「その通りです」と返答せざるをえなかった。確かに、この言葉は汚されており傷つけられ引き裂かれている。しかし、この言葉に生命を懸けてきた人々を想うならば、これに代わって抽象的な純粋概念を用いることはできない。この言葉が担っている現実の重みを想い、この言葉の背後で人々が実存を懸けて神に「あなた（Du）」と呼び掛けてきたこと、また現に呼び掛けていることに注目しなければならない。切実に「あなた」と呼び掛けつつ、それに「神」と名付けるならば、この「神」という言葉を語りながら人間は永遠の汝との関わりのもとにあるのではないか。神という言葉は、まさに呼び掛ける関わりの現われなのである。そこでは「呼び掛けの言葉、名前となった言葉である〈神〉という言葉」（Fin, 509）が現前しているといわなければならない。このようにブーバーは特定の宗派や特殊な教義を超越した宗教現象の普遍的で根源的な真理を指摘しているのである。彼はこう述べている。「この〔神という〕名を嫌い、神なしと空想している者といえども、もし彼の存在の全体を捧げて生命の〈汝〉に、いかなる他のものによっても制約されない〈汝〉として語り掛けているならば、その人は神に向って語り掛けているのである」（ID, 128）。

ブーバーは神という言葉がいかに汚れているとはいえ、そこで理解すべきことはこの言葉を語る人間の存在構造の問題性であることを指摘しているのである。この人間の存在構造の問題性と「神の蝕」とはどのような関係があるだろうか。どのような人間の存在構造が神の語り掛けを拒絶しているのだろうか。

二　ブーバーの人間学と宗教的世界

ブーバーの人間学の基本構造を簡単に述べておきたい。[9] 彼は主著『我と汝』（1923年）の冒頭で、「世界は人間にとって、人間の二重の態度に応じて二重である。人間の態度は、人間が語りうる根源語が二つであることに応じて二重である。この根源語とは、単一語ではなく相関語である。根源語のうちのひとつは相関語・我―汝（Ich-Du）である。もうひとつの根源語は相関語・我―それ（Ich-Es）である」（ID, 79）と述べている。人間は語ることによって存在の態度を決定しているのであるが、人間が常に他者との関係のなかに生きているように、その「語り」は常に他者との関係を表現する相関語になっている。相関語「我―汝」は他者との対話的・人格的な相互関係を表現するものであり、相関語「我―それ」は他者との非人格的な関係の表現であり、利用と経験の対象として他者に関わる態度である。この二つの態度決定によって、人間には二つの世界が交替して現われる。それは「汝の世界」と「それの世界」である。「汝の世界」は自己と他者呼応的関係という意味での人格的な関係の世界、実体化されえない出会いの世界であり、「それの世界」は因果律の支配する客体的世界、没意味的世界、宿命的世界、制度と感情（主我的で思い込みのような感情）の支配する世界である。この二つの世界の交替について次のように詩的に語られる。「それは蛹であり、汝は蝶である。ただ、これは、相互にはっきりと分離している状態ではなく、むしろしばしば深い二重性のなかで錯綜して縺れ合っている出来事である」（ID, 89; vgl. 145)。

この人間観は『神の蝕』（1953年）では次のように説明されている。人間は「下から」生み出されると同時に「上から」派遣されている存在者として、「二重本性（Doppelnatur)」（Fin, 597)が人間の基本的性格である。この基本的性格が自他の関係性の範疇の観点から区分されると、「上から」派遣された人間は他者に「向かい合って実存している」（ibid.）のであり、「下から」生み出された人間は他の存在者と「並んで（neben）位置している」（ibid.）と表現される。前者の範疇が「我―汝」関わり（Beziehung）であり、後者の範疇が「我―それ」関係（Verhältnis）である。前者は存在者の存在へと導くのであるが、後者は存在者を客体として観察しその外観（Aspekt）へと導くだけである。他者との関わりも、前者のように他者が「汝」として語り掛けられて「実存的出会い」（Fin, 598）へと導かれるのでないならば、後者のように他者は外観に覆われたままであるといえよう。

ブーバーのこの二重構造的人間観・世界観は、プラトンの二元論的人間観（魂と身体）・実在論的二世界説（イデア界と感覚的世界）や、その伝統が主観化されたカントの二重構造的人間観（理性と感性）・認識論的二世界観（叡知界と現象界）とは違って、自己と他者との関係の在り方の質的二類型とそこに現われる二類型の人間像と世界観をいうのである。ブーバーのこの基本的視点では、プラトンやカントのような単独な個人の二元的構造や世界の二元的現象からではなく、すでに関係のなかにいる共同的人間（「人間と共にある人間」Fin, 597）の共同性の二つの在り方（「我―汝」「我―それ」）から人間と世界と神（永遠の汝）の関係が解明されているのである。

われわれが本来的な自己を見いだす世界は実存的出会いによって生まれる「汝の世界」である。人間が自己の存在の意味・根拠を体験できる宗教的世界は、この「汝の世界」である。つまり、この世界は、自己の存在の意味・根拠である神的なもの（絶対的で超越的なもの）との対話的な相互関係が成立している世界である。これをブーバーは「宗教性（Religiosität）」[10]と表現している。この生きた関係の現実から、その内容を表現する宗教的形式・儀式が生まれる。しかし、その生きた対話的関係（実質）が失われても残り続ける形式から、「宗教」の形骸化と欺瞞が生まれるのである。神的なるものとの「我―汝」の人格的関係は生きた言葉で表現されるが、その言葉が人間の自己主張の手段となって形骸化すれば文化現象としての「宗教（Religion）」となる。ブーバーは「言葉〔事物の符号や願望主張の手段の言葉ではなく、神と人間との関係を表現するものとしての言葉〕は、転向〔Umkehr ＝人間が生の方向性を自我から根源的汝なる神へと向け直すこと〕において地上に生まれ、拡張〔Ausbreitung ＝対話的関係がその生きた内実を離れて神学的体系へと拡張されたり、宗教的信条・儀式とか道徳的規範へと展開されること〕においては宗教という蛹になり、新たな転向において言葉は新しく再び翼をつけて生まれるのである」（ID, 157）と述べている。[11]

三　真の現実としての立体的間の領域

ブーバーは、人間にとって「あらゆる真に生きられる現実は出会いである」（ID, 85）と述べているが、この「出会い」とは自己と他者（「汝」）との対話的な関係のことであり、また自己と絶対的他者（「永遠の汝」）との対話的な関係のことである。人間にとっては、この二つの関係のなかに生きることが「真の現実」に目覚めて生きることなのである。先に述べたように、前者は水平的間であり後者は垂直的間であると表現されるが、人間の真の現実はこうした二つの間の領域から構成されている「立体的間の領域」と名付けることができる。二つの間の領域（関係）は相互に補い合う関係構造になっていて、われわれは個別の他者を通して永遠の他者に関わるのである。この世界を否定して超越することによって永遠なる他者に関われるのではなく、この世界のなかで個別の他者との対話的関わりのなかで永遠なるものに触れるのである。われわれが本来的な自己を見いだし創造してゆくことができるのは、この出会いの場である立体的間の領域である。この間の領域の指摘は情緒的な主観主義と誤解され易いが、決してそうではない。この「間の領域」は主観性の彼岸、客観性の此岸、我と汝が出会う狭き尾根の上に現われる。それは出会いのたびに現われるはかない領域ではあるが、人間にとっては最も確かな領域なのである。自己の内面に構想された主観的概念の世界も、自己の外に冷たく横たわっている客観的な物の世界も、人間がそこにおいて自己の存在の意味や根拠を最終的に見いだす場ではない。ではいったい真の現実とは何か。ブーバーは「〔神の〕御前における人生こそ唯一の現実における生であり、唯一真実な『客観的事実（Objektivum）』における生なのである」（ID, 159）と述べる。見せ掛けの幻想的な客観的事実から解放されて真の客観的事実へと救済されなければならないとブーバーはいう（vgl. ibid.）。ブーバーにとって宗教的現象とは、主観的内面世界に限定された現象ではなく、また自己の在り方とは関係のない外的で客観的な出来事でもなく、まさに自己と個々の他者との、そしてそれを通しての自己と絶対的他者との超越的間における対話的出来事なのである。もともと人間の人格性の根拠は客体化されえない関係性（対話性）にある。上で述べたように、ブーバーはこの出来事を「宗教性」といい、そこから生まれて固定した形式的儀式や教条と組織の現象を「宗教」という。

四　「神の蝕」としての「我―それ」関係の肥大化現象

日蝕においては太陽の「光」が月によって遮られている状態が発生するように、「神の蝕」とは神と人間との垂直的間がさまざまな「物」で埋められた状態であるとすでに述べたのであるが、ではその「障害物」とは何であり、どのようにして発生したのであろうか。それは人間の側の在り方と無関係に発生したのではない。人間自身が生み出した障害物だともいえよう。それはどのようなことであろうか。ブーバーによれば、この現象は現代人の自意識過剰による自我の獄舎に拘束されているという自己（精神としての自己）の病に見られるということである。さらにはこの病める現象は自己と超越者との間に侵入してくることになる。「絶対者への告白のなかに、絶対者への不真実（Untreue）を持ち込むことである。絶対者と現代人の関係のもとで、この不真実は信頼（Vertrauen）の表明のただなかでさえ働いている。そして今や、現代人の見かけは〔神を〕しっかり把握しているような眼差も、〔実は〕蝕まれた超越者に出くわしている」（Fin, 597）。

垂直的な間にこのような不真実が侵入してくるということは、「我―それ」関係の「我」が支配力を揮うという現象であるといえよう。「我―それ」関係の「我」は、他の存在者を観察し利用し支配する主体であり「個我」と呼ばれ「間」を壊す。これに対して「我―汝」の「我」は他の存在者に向かい合い、語り掛け、責任を取る主体であり「人格」と呼ばれ「間」を充たす。この視点からブーバーは神の蝕の現象の本質をこう述べている。「われわれの時代においては、〈我―それ―関係〉は巨大に膨れ上がり、〔この関係がもっている〕親方の身分がほとんど攻撃されることもなく支配をわがもの顔にしている。この関係における我は、すべてを所有しすべてを処理し、すべてのものを成就する我である。〔しかし〕この我は〈汝〉と呼び掛けることが出来ず、ある存在者に本質的に出会うことが出来ない。この我がこの時期（Stunde）の支配者である。この全能となった自我（Ichheit）は、自己の周りをあらゆるそれ（エス）で囲み、自ずから神を認めることもできなかったし、また単に人間的なものではない真実な根源〔超越的なるもの〕として人間に現われるある絶対的存在者を認めることもできない。この自我が間〔dazwischen ＝神と人間との間〕に侵入してきて、われわれに天の光を遮るのである」（Fin, 598-599）。このようにして自我の獄舎に閉じこめられた人間は「我―汝」関わりのなかに入ることができず、たとえ入ることができたとしても、その関係を対象化して観察することによってその生命の交流から逸脱してしまっている。このように個我的自己は垂直的間を破壊してしまうのである。このような傾向は科学主義的思考の進展に伴って強化されてこざるをえなかった。

それでは、このような流れからは人間は解放されないであろうか。ブーバーは、隠れてはいるが新しい源泉からの流れに従うことによって可能ではないかと指摘し、さらに「他の喩で言えばこうである。〈我―汝―関係〉は地下墓地に潜ってしまっている。この関係がどのようなより大きな力で現われることになるか、いったい誰が言うことができよう！　いつ、〈我―それ―関係〉が新しくその補助的な位置や営みに携わるように指示されるか、いったい誰が言うことができようか！」(ibid.)。現代を支配している「我―それ」関係がその支配的位置を失い、新しく「汝の世界」が主流を占めて登場するようになる可能性はいつも残っている。

このように「蝕」という闇の現象を通して反照されるのは、その闇の向こうに光が燦然と輝いていることである。「今起こりつつある神の蝕について語る場合、われわれが意味しているのは何であろうか。われわれはこうした比喩において途方もない前提を作り出している。それはちょうど太陽に対しては肉眼によってのように、われわれは『精神の眼（Geistesauge）』で、むしろ本質を観る眼で神を瞥見することができるという途方もない前提である。またそれは地球と太陽の間のように、われわれの実存と神の実存の間に何物かが入ってくることができるという途方もない前提である」(Fin, 597)。神の蝕の時代においてわれわれは、その闇を指摘しながら同時に光を経験する可能性があるといわねばならない。もちろん、神を観る精神の眼が存在するというような前提は、信仰という法廷においていいうることにほかならない（vgl. ibid.)。確かに、永遠的なるものに向かって「汝！」と語り掛ける人間（信仰的実存）の精神の眼には〈永遠的なものの存在〉が顕になっているだろう。「これは決して論証されるものではなく人間はそれを経験するばかりである。しかし他のもの、つまり間に入ってくるもの（Dazwischentretende）、これをもわれわれは今日経験している」(ibid.)。

第三節　立体的間の崩壊から生まれる諸現象

人間存在の基礎である立体的間の領域が崩壊することにおいて起こっている現象は、人間が真の現実世界である間の領域から離れて、第一に自己の内に退くことであり、第二は客体的世界のなかに自己を客体として位置付けることである。つまり、図式的になるが、「間」が主観化と客観化の二極世界へと分裂してゆくのである。このことは人間論に関する西洋近世哲学史における二つの大きな思想的立場にみることができる。第一は主観の内面への退去によって、そこに壮大な理念的世界を構築することである。これは抽象的人格性を構想する主観的観念論の道である。第二は、それとは反対に、客体の方向へと退去することである。これは知覚される物理的世界のなかの存在者を「物」とみなして、その物を要素に分解したり、その要素を総合して捉える。そこでは自然的因果法則のもとで抽象的個体としての人間論が主張されることになろう。ブーバーによれば、この二つの思想的立場で構想される二つの世界とも「それ（Es）の世界」であるといえよう。いずれとも、人間にとって生きられる真の現実（「汝の世界」）からの離脱によって生まれている。いずれとも対話的現実である間の領域からの退去であって、現代の思想状況を特徴付ける現象である。それぞれの世界に組み込まれた人間は、もはや人格ではない。二つの思想的立場を「神」理解に適用するならば、第一は主観主義（Subjektivismus）であり、第二は客観主義（Objektivismus）である。「主観主義は〈神を魂の事象と化すこと（Verseelung）〉であり、客観主義は〈神を客体化すること（Vergegenständlichung）〉である。前者は偽りの解放であり、後者は偽りの固定である。いずれとも現実への道からの逸脱であり、両者とも現実に対する代用の試みである」（ID, 159）。そこで、この二つの方向性に関して考察してゆきたい。

一　近世以降における哲学的思惟の主観化

「それの世界」は人間の生活にとって不可欠であることは当然なことであるが、人間の生活の全体を捉えるものではない。すでに述べたように、「それの世界」と「汝の世界」の交替がわれわれの生活であり、しかも〈人間的〉生活は「汝の世界」が支配的であることによって成り立っている。現代では「それの世界」が人間生活の指導権を強行しているがゆえに、さまざまな非人間的悲劇が起こっていることは確かなことである。

ブーバーは宗教的現実（「立体的間」）と哲学的思惟の展開を次のように述べている。「我─汝〔関わり〕は、絶対的人格としての無制約な存在者が私のパートナーとなる宗教的現実において、その最高の濃縮と輝きを見いだす。これに対して、我─それ〔関係〕は哲学的認識においてその最高の濃縮と輝きを見いだす。この哲学的認識においては、我（Ich）とそれ（Es）が直接的に生きている連関にある〔共存している〕我（Ich）から主観（Subjekt）を引き出すことと、次にそのそれ（Es）を〔主観とは〕原理的に区別された客観（Objekt）へと変ずることが〔この二つが〕、思惟された存在者や思惟された存在についての厳密な思惟を生み出すのである」（Fin, 537）。まず、生きた「我─汝」の関係的現実（宗教的現実）から「我─それ」関係へと態度変更することによって哲学的認識は始まるが、この認識は「我（主観）」と「それ（客観）」へと間の現実を解体する。それは現実を抽象化してゆく認識の働きである。「哲学すること、あるいは哲学はある人がその具体的な状況から目を転ずること、つまり根源的な抽象作用によって始まる」（Fin, 531）。この働きを遂行するのは認識主観と客観（客体）の関係においてである。[12]

このように生きた現実からの主客の分裂によって哲学は始まるから、次のようにいえる。「真実の哲学者においても、全体化（Totalisierung）が行われているが、決して〔生きた有機的〕統一（Zusammenschluß）は生じない。むしろ、ここでは思惟が人格のあらゆる能力と〔活動〕領域に侵入し圧倒する。その結果、哲学するという偉大な行為においては指先までが思惟するのである――しかしその指先はもはや触れて感じることはない」（Fin, 536）。このようにして、近世以降の自我の自覚史にみられるように人間の自己意識過剰が間に生きることを破壊してしまい、常に傍観する観察者を生み出してゆく。ブーバーによれば、現代の観察者とは永遠の汝を手放すことができないでいながら、永遠の汝に語り掛けることができないことを自覚している者であるということになろう（Vgl. Fin, 597）。現代の自我中心主義、その裏返しとしての客体中心主義が危険な兆候であることを知ることができるのは、この「それの世界」を包む「汝の世界」の実在を経験している者である。この者は「我―汝」経験の現場に立たないと開かれない〔神の〕「現前の世界」を知っている。つまりこの者は自我意識過剰でありながら、その自我意識のなかではどこか居心地が悪くその自我の存在の根拠を探している者であり、この自我が邪魔していることを自覚している者であるが、この者は関係のなかに入ることができないでいる。このように、現代の思惟は宗教現象に関して、一方では神の理念に関心を集中することと捉えているが、他方では「われわれの神に対する関わりの現実性をも抹消し去ることが目指されている」(Fin, 514) といえよう。

「我–汝」関わりの現実から退いてゆく認識主観を支点として思索をはじめる時、逃れられない意識現象の世界に閉じこめられる。自我意識のなかに閉塞してゆく思索の営みは近世以降の哲学の運命でもあった。自我意識に捉えられたが最後、人はもはやそれを越えることは理論的には不可能である。現実はすべて認識主観によって対象物として眺められ構成された表象である。その自我の獄舎からは、主体(実存)としての自己が他者へと超越してゆく実践的飛躍は考えられもしない。ましてや永遠の汝たる神へ語り掛けるというようなことは考えられない。自我内には意識の構想した絶対的理念がせいぜい知的対象として表象されるばかりである。「永遠の汝」との関わりなど虚構・幻想にすぎない。ブーバーが指摘する「立体的間」という実在領域は、主客関係の間でもなく、主観内における〈我〉と〈我の表象〉の間ではなく、実存相互の実存的関わりの間のことであった。この関係という実存界に踏み込めない限り、つまり「我–それ」関係の認識に留まる限り、神の問題は理念の領域に留まらざるをえないことは当然であった。

カントは理性とその限界を超える信仰の接点（境界）で苦闘し続けたが、ブーバーはカントが晩年の七年間に綴った遺稿に言及し、その「実存的悲劇」（Fin, 541）を検討している（vgl. Fin, 540-541, 523-524）。ヘーゲルにとっては神の問題は苦悩や絶望や歓喜のなかで私が出会う「汝」ではもはやなく、世界を統治し自己実現する世界理性、絶対者の理念である。そこでは超越的間という宗教的実在性が「空洞化」されている（vgl. Fin, 540）。またブーバーはユダヤ教と理性の関係を課題としていた晩年のH・コーヘンを取り上げている（vgl. Fin, 542-549）。コーヘンはカント以上に「神」を純化し、倫理学の体系に組み込まれた理念とする。コーヘンは神の人格性という神話的な象徴を否定せざるをえなかった。彼は哲学者の神とアブラハムの神との間を選択しないで、むしろ両者の同一化を求めたが、それは失敗せざるをえなかった。というのは、神の理念が最高の理念であるとしても、それは人間の構想したものなのだからである。

宗教的現実に対する哲学的認識の否定的作用を指摘したが、しかし哲学のそういう対象化の作用のお陰で、精神的世界を客観的連関性を持つものとして残しえたといえよう（vgl. Fin, 535）。

二　永遠の汝の対象化（理念化）

現実を支える圧倒的な力、生を恵む創造の不思議な働き、聖にして超越的な何者かに対して、われわれは絶望や歓喜のなかで「あなた（汝）」と呼び掛けてきた。宗教現象は本来、人間とそれを超越するものとの間の対話的出来事であった。しかし、この出来事を反省する自覚の過程のなかで、われわれは呼び掛けの相手であった生ける神を「あるもの（Etwas）、諸物のなかのひとつの物、諸存在者のなかのひとつの存在者、それ（Es）として表象することにもはや満足しなくなる」（Fin, 594）。そこで、哲学的思索が働き始めて、その「あるもの」が想像や願望や感情の対象から概念的に把握されうるものへ、つまり思惟対象（Denkobjekt）となってゆくのである。それを、古代ギリシアの自然哲学者たちは「言葉（Logos）」とか「無制約的なるもの（Apeiron）」と表現した（vgl. ibid.）。このような思想史の発展過程においては概念化は避けられないことであった。われわれは概念化を拒否しないできた。だから、かの「生き生きとした働き」が概念化されたものと同一視されたり、思考の代用品のようなものへと変質してきたのである。ブーバーは「神の表象の生きた働き（Lebendigkeit）がこうした概念像に入れ込まれることを拒絶するならば、それは普通厳密でない形態においてこの概念像と共に——結局はこれと同じものとして、すくなくともそれに本質的に依存しているものとして——容認されるか、あるいは思考できない人間の利便のための悪しき代用品として格下げされるかである」(Fin, 594-595) と述べる。したがって、われわれはこうした概念化にもかかわらず、生きることの中心に響いていた「汝への生きた関わり」を保留し続けることが必要であろう。

われわれは、汝との生きた関わりから離れてしまった概念を用いて思索を展開するが、そこに哲学的思惟の始まりがある。「形像 (Bild) と形像が意味する神とを不純なものとして拒否し、それらに対して純粋な理念を対抗させる哲学者の時が熟するのである」(Fin, 538) とブーバーはいう。絶対者という「概念」を、その根源的な経験から切り離して、人間の精神の産物であるかのように錯覚し、絶対者という概念を使用することで絶対者と関わっているかのような誤りに導かれてきたのである。比喩を用いるならば、樹木の根がなくては樹木は存在しなかったのに、あたかもその根を切り取られた樹木を観察するようなことになってしまったのである。われわれは「絶対者、超越者、普遍者」などと語り、それを使用して思索を展開するが、その内実は実感としてわれわれのなかに響いてこない。そこには根源的な経験が欠けているからである(vgl. Fin, 525)。

ブーバーは「存在するものは、人間にとって向かい合うもの（Gegenüber）か、あるいは対象（Gegenstand）かである。存在するものへの関係の二様性——つまり出会いと観察——において、人間存在は成り立っている」（Fin, 536）という。これは彼の「我─汝」関わりと「我─それ」関係に対応する事態である。ブーバーは古代ギリシアの詩人アイスキュロスとエウリピデスを比較して、前者から後者への展開にみられる人間の魂の内的状況の変化は、神的なものを「向かい合うもの」と受けとめ、「我─汝」関わりにある段階から、神的なものを「対象」とみなし「我─それ」関係に至る変化であるという。プロタゴラスの人間尺度論には神的なものをもはや〈向かい合う汝〉として経験することがなくなった哲学的意識がよく表現されている。「一切の絶対的なものを、普遍的な相対性の鏡の中に受けとめて吸収してしまうこの特殊な意識にとっては、神々についての問いは、神々が存在するかどうかを知る可能性についての問いにすぎなくなっていた」（Fin, 524）。超越的で神的なものが、人間の自己意識のなかに取り込まれてしまうならば、その特質は失われてしまう。またこのようにもいわなければならない。「神を〔超越者として〕超越に限定することを拒絶する者は、神をそのように限定する者よりも神をいっそう内実豊かに理解している。神を内在に限定するものは、神とは違った他のものを意味しているのだ」（Fin, 523）と。

真の神に語り掛けることは、神について知ることではない。「多くの真の信者は神に向かって(zu Gott)語ることは知っているが、神について(von ihm)語ることは知らない」(Fin, 523)。信仰的現実は、神(汝)に向かって生き、神(汝)に向かって近づき、神(汝)に向かって呼び掛けるところに成立している。ブーバーは『自伝的断片』のなかで次のようなエピソードを記している。1914年5月、世界戦争の勃発前に、その悲劇を告げるために遠くからやって来たある友人に「神を信じておいでですか」と問われた時、彼は返答に窮した。彼はしばらく立ち止まって思いをめぐらしていた。突然、次のような答えが心(Geist)のなかに生じた。「神を信ずる、ということが、もしも第三人称で神について語りうることを意味するなら、私は神を信じていない。もしも、神を信ずるということが、神に向かって語りうる、ということを意味するなら、私は神を信じている」(A, 21)。

三　宗教的現実と人為的宗教性

宗教は、幻想や虚偽の世界から人間を救いだし、真の対話的現実へと解放することであり、まさしく人間が本来的な自己を見いだす立体的間の現象である。自由な人格が相互的に呼応する対話的関係に生きることが宗教的生なのである。絶対的「汝」（人格的他者）を「それ」（非人格的物）とみなして、この真の現実を歪曲しているのが、いわゆる人為的宗教、つまり人間の恣意によって造られた宗教である。それは人間実存を抑圧する律法主義的宗教でもあり、形式的儀式の宗教である。それは人為的な枠組のなかに人間の実存を拘束する。永遠の汝との対話的な関係（我と汝の関係）が人為的教義・組織のなかに凝固して、人間実存の特殊領域の枠組としての「宗教」となるのである。現実の生活から切り離された特殊領域としての宗教——無味乾燥な徳目遵守の強制、形式的な宗教儀式、熱狂的な自己陶酔——、これはわれわれの生活の具体的現実である立体的間の人格的関係を否定することになる。歴史上にまた個人の生活に、いかに多くの悲惨な出来事が「宗教」のゆえに発生しているかをわれわれは知っている。ブーバーは「道徳ほど共に在る人間の顔をわれわれからさえぎってしまうことのできるものはないように、宗教ほど神の顔をわれわれからさえぎってしまうことのできるものは例がないのだ」(ZW, 191)という。そこで、「宗教」のなかに真の対話的関係性が生きているならば、その宗教がその生きた関係性の障害とならないように常に自己批判してゆくものである。そして、宗教が人間生活の特別な人為的部分の現象として誤解されることを否定しなければならない。「宗教はいっそうリアルになればなるだけ、それほどいっそう宗教自身の克服を考えるものだ。つまり宗教は『宗教』という特殊性であることを止めて、生活（Leben）となることを意志する。宗教にとっては、結局は特殊な宗教的行為が問題ではなく、あらゆる特殊的なものからの救済が問題なのだ。宗教は歴史的、伝記的にみて純粋な日常を目指して努力しているのである」（Fin, 527-528）。現実のさまざまな「宗教」現象を観察するならば、そこでは人間が真の実存になることを止めてしまっている現象を垣間見ることができる。そうなれば「〔特殊領域としての〕宗教は、宗教的直観においては〔真の宗教の目から見れば〕、〔いわば遠郷での〕人間の流浪である」（Fin, 528.〔 〕内は、三谷好憲による補説、『ブーバー著作集』第五巻、46頁）。人為的「宗教」の形式を越えて宗教の根源的宗教性を生きるところに人間の帰りゆくところがあるといえよう。このことをブーバーは「人間の故郷は〈神の御前での〉恣意を滅した生活なのだ」（Fin, 528）と述べている。

真の宗教は対話的な具体的生の現実を守り抜くのであり（vgl. Fin, 528-529）、ここに人間であることの意味が開示され把握される。「現存性〔人間として現に存在していること〕の意味はそのつど生きられる具体性において現われまた把握される——けっして起ってくる現実との格闘を越えてではなく、そのなかにおいてであるが――ことは確実である。」(Fin, 529)。宗教的現実とはこの具体的生活の現実であって、それを離れたり超越した特殊な限定された生活領域ではないのである。ブーバーは続けて、宗教的現実では現存在の意味は行為と苦悩を伴いながら、「瞬間の完全な瞬間性において経験される」(ibid.) という。宗教的生活とは、現実から隔離された特殊な人為的「宗教」に拘束されることから解放されて、固定化できない関係的現実に出で立つことである。しかもその出で立つことは瞬間的な出来事なのである。そこで受けた洞察を日常生活の根底に生かすのであるから、それは世界からの逃避ではなく、むしろこの世界の聖化が目指されているといえよう。ブーバーは「もしきみがその命を聖化するならば、きみは生ける神に出会うのであるである」(ID, 131) という。世界の外で永遠者に出会うのではなく、世界のなかで出会うのである (vgl. ID, 130-131, 133, 142)。

第四節　理念としての神と人格としての神

一　理念としての神と「アブラハムの神、イサクの神、ヤコブの神」

ヘレニズムの伝統における神は、「汝」と語り掛ける相手ではないという意味で非人格的神である[13]。プラトンの二世界説においては「善のイデア」が世界の究極の原因としての神であり、究極的実在である。アリストテレスにおいては、神とはこの可感的物理的世界の運動の第一原因（「不動の動者」）としての神、原理・法則としての神である。これらの神概念は、原理・根拠としての神であり哲学者の神といわれる。人間の側の諸条件を超越して、一方的に世界を支配している原理・法則である。そうした神は人間の側からの探求の対象であり完全な理想である。それは観照と認識の対象であり、価値世界を正当化する根拠としての理念であり、人間と知的な連続性を可能とする実在者である。神は自己追求的で独白的な愛（エロース）の対象である。真善美の理念への愛であるエロース的愛は必ずしも他者との関係を必要とせず、それは自己拡大の運動である。これはブーバーの表現に従えば「我—それ」関係であるということができよう。

これに対して、ヘブライズムの伝統においては、神は「私（実存）の創造主」である。この神は普遍的抽象的な理念ではない。パスカルが回心の時に記していたように、聖書に記されている啓示の神は「アブラハムの神、イサクの神、ヤコブの神。哲学者および識者の神ならず[14]」であった。神（永遠の汝）は私に生きることの意味を与え絶望における無への滅びから私を救い、私を日々新しく造り変えてゆくという意味で「私の創造主」なのである。人間は存在の意味を与えられて生かされているがゆえに被造者と表現される。神は人間と個別的な「我―汝」の対話的関係にあるという意味での人格的関係にある。まずなによりもこの「対話的関係性」が啓示の神の本質であるといわなければならない。そこからさまざまな特性が派生している。神の愛は人間の執着的情念から類推される現象ではなく対話的関係性をいうのであり、人格的神が人間存在に責任を取るという真実の契りを意味する。その愛（アガペー）は個々の人間を常に配慮しながら、さまようそれぞれに相応しい言葉を与えて、生きる方向性を示し滅びから解放することであった。まさしく神は強い絆（契約）で結ばれたパートナーであった。その神の愛への応答として、「神を愛する」に至るのである。神を愛するということは人間が自力で神に肯定的に関わるというようなことではなく、むしろ人間をそのように動かす神からの愛が先行していて、これに応答することが神を愛することであり、したがってそれは感謝の表現であり応答愛といえよう。それは契約の真実（我―汝の関わり）を守りぬくことである。したがって永遠の汝なる神への愛は道徳的理想（倫理性）を含みはするが、それを超越している。神は人間に対して従うことを求めるが、同時に人間から愛されることを望んでいる（vgl. Fin, 547）。「神を愛する者は理想を愛する者ではあるが、理想よりもいっそう神を愛している。このような人は、理想や理念によってではなく、神によって、理念性は捉えるに至らないまさに神によって、絶対的人格である神によって自分が愛されていることを知っている」（ibid.）。このような神の愛に気づくならば、その瞬間に哲学者の理念としての神は色あせてしまう。[15]神を愛するという場合の愛とはエロース的愛とは質的に異なっていて、「神を愛する者は、神が『単に理念にすぎないもの』ではないという、まさにその限りにおいてこそ愛するのであり、また『単に理念にすぎないもの』でないからこそ愛することができるのである」（Fin, 546）。理想・理念はエロースの対象であるが、「汝」はブーバーのいう〈対話的愛〉のパートナーであるということである。[16]このように被造者である人間に関わる神がヘブライズムの固有の神観である。神の存在は人間に対して働きかけることとして現われることをブーバーはこう述べている。

「ユダヤ的神観念の最も深い基底も、ひたすらただあの〔ヘブライ語の〕『エッヒイェー（Ehje）』、すなわち、神からモーセに告げられたあの『私は現に在る（Ich-bin-da）』という言葉のなかに深く沈潜することによってのみ到達されうるのである。(17)この言葉は、いかなる時代にもこの〔神という〕観念の意味と内容を決定してきたものであり、またこのなかでは、まさしく神の人格的な『現実存在』が、確かに神の生ける現在が、なによりもまず神が自らを顕示する人間に、最も直接的に関わるところの属性として表明されている。〔この言葉の〕語り手が自らをアブラハムの神、イサクの神、ヤコブの神と呼んでいることは、分かちがたくこの『エッヒイエー』という名乗りと結びついている。この神を哲学者の神にしてしまうことはできない。しかし、『私は神において人間の父を愛する』と語る〈父なる神〉と呼び掛けることを意味すると解されよう〕ほどの者は、たとえ彼自身がそのことを承認したくないとしても、自分の心の根源的力によってすでに哲学者の神を拒絶している」(Fin, 549)。

人間の側のあらゆる願望の投影や構想された完全性の理念や価値世界の秩序設定者として要請された実在者ではなく、そうした拘束や制約や要請を超越してまったく自由な意志の主体として自己を啓示し、人間に自由な関わりを示す絶対的人格である神が「エッヒイェー」(「私は現に在る」)の宣告に自己を啓示している。これには人間的な一切の制限から解放された「神の生ける現在」が表現されている。この神は哲学者の思想体系に位置付けられた神ではない。[18]

二　スピノザの実体的神論批判

スピノザ（1632―1677）は西洋思想史におけるユダヤ的神観に対して問題提起し、キリスト教世界に大きな影響を及ぼした。スピノザにおいてはプラトン的二世界論、アリストテレス的一元的世界論と、聖書思想における創造主によって創造された被造界という創造思想などの思想的総合が意図された。神と世界と人間との関係が曖昧に総合されてきたといえよう。ブーバーの叙述に従えば、神〈即〉自然の思想には下記の精神史的問題提起があることが分かる。

第一は、神と人間と自然の「間」が否定されることによって、聖書思想の中心にある創造主と被造界の対話的関係（出会い）を可能にする前提が失われてしまった。スピノザにとって、神と世界の距離は解消されて、世界即神の場所となる。ここでは神と世界や人間の間（距離）は解消されることによって、関係の現われである語り掛けの言葉も不要になってくる。[19]

第二は肯定的な評価であるが、プラトン的二世界論のようにこの世界を離れたところで神と神秘的に関わるという観念的思索を回避していることである。これはこの現実世界と神との交わりの場とを区分する中世のヘレニズム的神秘思想に対する批判である。スピノザには、この現実世界を離れたところで超越的なものと交わることは「虚偽の交わり（vorgebliche Verkehr）」（CB, 745）であり「不純（Unreine）」（ibid.）であると映ったのである。「バロックの魅力的な躍動性はこのような企ての芸術的堆積である」（ibid.）。これに対してスピノザは、神との交わりをこの世界の外に求めず、聖書の創造思想に従いこの世界〈被造界〉のただなかに神〈創造主〉の意志〈軌跡〉を捉える。

「世界の外にではなく、むしろ世界そのものに人間は神的なものを見いだす」（ibid.）。「この世から隔離した交わりとともに、神とのあらゆる人格的交わりは彼（スピノザ）にとって信じ難いものとなるのである。神はまさになにものにも還元しえない生の現実のなかで話しかけるがゆえに、それを離れては神は話しかけえないという洞察が、彼にとって神と人間との間にはいかなる言葉も存在しないという見解に転ずるのである。世界はスピノザにとって〈神との出会いの場所〉から〈神の場所〉となるのである」（ibid.）。

第三に、彼は理性的思索に立ち明晰な論理で神について思索を進め、非合理な聖書的神観を浄化しようとしたといえよう。理性に従えば聖書の神話的叙述は耐えられないことであった。彼は聖書の神を否定しようとしたのではなく、「彼はただ神をその〈語り掛けることができること（Anredbarkeit）〔対話性〕〉という染みから純化しようとしただけである。〈語り掛けうること〉は彼にとって必ずしも純粋でも偉大でも神的でもなかった」（CB, 743）。スピノザは、神と人間との関わりを害うことなく（実はこのことには失敗したのだが）、モーセの十戒の第二戒「偶像崇拝禁止」を最大限に拡大した。そこには反擬人観（Antianthropomorphismus）への傾向が見いだされる（vgl. CB, 513-514）。人間の思念を神概念のなかに持ち込むことによる神の不純化を拒否して、神は純然たる神としてすべてのものに依存しないで自存し続けなければならない実体であった。「彼は人格を偶像として廃棄し、自存する実体を説いた。そのような実体に向かって汝（Du）と言うことは愚かなことか、あるいは悪しき叙情詩であろう」（ibid.）。このようなわけで、スピノザは実体としての神とそこから派生する精神（思考）と自然（延長）という二つの属性を説くが、この神論からは聖書思想における神の本質として決定的な特質である対話的関係性が削除されてでしまった。それはスピノザにおける合理的神学思想が対話的神学から理性的哲学への移行であったことを意味していた。そのことによって人間と神の対話的関係性は否定されることになった。神は理性によって概念的に理解できる理念や原理に変質してしまった。神はもはやわれわれが存在の全体を向けて語り掛ける「汝（Du）」ではなくなってしまった。神は語り掛ける相手ではない。「スピノザは、神からその〈語り掛けることができること〉をとり去ることを企てた」（CB, 743）。スピノザは、「〔神と人間の関わりの〕根本に存続しているもの、つまり神と人間との対話（Dialogik）、われわれに出会うものにおいて神が語りかけていること、われわれのあらゆる行為のなかで人間が〔神に対して〕応答していることを知ろうとしなかった」（Fin, 514）ところに、彼の洞察の失敗の原因がある。神は沈黙してこの世界を支配し、人間が正しく理性を活用して推理すれば見いだされうる必然的な原理（「それ（Es）」）となった。これは人間精神の危機を生み出す原因であった。

ブーバーは、キリスト教神学史におけるスピノザの位置に触れながら次のように述べている。「独白的生へと向かう西洋精神の傾向は、スピノザを通して決定的に促進された。――そしてこのことによって精神一般の危機は促進されたのである。なぜなら精神は独白的生の空気の中ではなばなしく枯れ朽ちねばならないからである」(CB,744)。そこでブーバーの課題は、スピノザにおいて排除されてきた対話的生を回復することであった。それはヘレニズムの伝統に継承されている独白的生がもたらしている精神の枯渇現象を解決することになる。独白的生が精神の枯渇をもたらすとはどのようなことであろうか。

ブーバーは、神の属性としてスピノザが示した精神性(Geisthaftigkeit)と自然性(Naturhaftigkeit)に加えて、いやその前提として人格性(Personhaftigkeit)を指摘する(vgl. ID, 169)。この第三の特質は、第三というよりも二つの属性を成り立たせる根拠であるというべきである。スピノザは、神の二つの属性に加えて「イスラエルの教えの真理性は、神は人格的存在で**も**ある(das *Auch-personsein Gottes*)というところにある」(CB, 743)ことを理解していない。人格的であることは、非人格的で語り掛けない神の「純粋性」に対して、神性を増大することになっていることをスピノザは理解していない(vgl. ibid.)。神は無制約者であり、絶対者であり、無名者であるのだが、同時に子供の呼び掛けに応える「父なる神」でもあることにスピノザは耐えられなかったのであろう(vgl. ibid.)。では、人格性の削除と精神の枯渇との関係とはどのようなことであろうか。

すでに周知のように、ヘブライズムの人間観は三元論的人間観(身体と魂と精神)であり、へレニズムの二元論的人間観（身体と魂）とは異なるのである。そして両者の決定的相違点は前者の「精神（霊）」の働きである。[20] これがまさに対話的関係性を意味していた。ヘブライズムの人間観における精神（ルーアッハ〔ヘブライ語〕、プネウマ〔ギリシア語〕）は、ヘレニズムの伝統での精神概念（ヌース）とは違って、「自己の内において身体と魂を統合する働きであると同時に、自己が他者に関係する働き」であるのだが、この関係する働きを断たれることは精神の死に至る。これが精神の枯渇現象の原因である。ヘレニズム的伝統では、精神は人間に内在する生得的能力で自力で絶対的理念を把握することができると考えられるであろうが、ヘブライズム的伝統では、自他の間に出で立つ時にそこに与えられ働く力であるといえよう。その精神は言葉や愛や責任の意識に置き換えることができる。この人間観においてこそ同様な特質をもつ神観が現われ、その在り方がその人間に反映されるといえよう。神の対話的人格性は、個々の人間の対話的人格性に実現してくるとも表現できる。個々の人間の対話的人格性が同様な性格の神を構想した（人間が自分に似せて神観念を構想した）というのは、フォイエルバッハ流の「神学を人間学に還元する」試みであるが、むしろ次のように考えることができよう。つまり個々の人間の存在の構造が対話的関係性へと変えられるところにおいてのみ、神の存在性が対話的であることとして現われてくると。神の対話的人格性を人間が構想したのではなく、神の対話的人格性を受け入れうる（理解しうる）存在態勢になっている人間に、神が〈人間に対する関係性〉を啓示したということである。人間の存在構造の変革と神関係の変化は対応している。すでに述べたように両者は相即しているのであり、互いに照らし合っている。なぜならば、受け入れる側と与える側の間で授受・伝達の出来事は一方的には起こりえないからである。両者は相互的に変革し合っているところにおいてこそ、人間に新たな世界が開かれてくる。理念や原理という「もの」であった神が、実存の側の態度変革において（「我―それ」から「我―汝」へと変わりえたことで）、「汝」として語り掛ける相手になりうるからである。パスカルの回心は、無神論から神の存在を認めるようになったというようなことではなく、理念・原理としての神からパートナーとしての神へと「神」が変化したということを語っている。神が変化したというよりも、神との関係がパスカルの実存様態において変化したのである。パスカル（実存）に神がパートナーとして受けとめられえた方が先か、彼が神に「汝」と語りえた方が先か。それは同時であるだろう。すくなくとも実存の方の存在様態の変革が起こっていなくては、神は理念のままであり、「汝」として実存が語り掛ける相手にならない。神の第三の属性である対話的人格性と人間の第三の構成要素である精神の働き

（これが対話的人格性を生む）は、このような両者の関係性において顕在するのであるから、「この第三の属性、人格性という属性のみが、その属性としての固有性において直接われわれに認識される」（ID, 169）のである。

理性的認識の限界を誠実に守るカントの神論には、神の対話性という理解不可能な現象を否定したスピノザの合理性が継承されている。カントはすでに述べたように、神観念を主観内へと限定し、概念的に限定されうる思惟の対象としたが、にもかかわらずブーバーの指摘によれば、カントの遺稿集を精査すれば彼の内面には知られざる神への超越的関わりが見えるという。それは理性的認識（「我—それ」関係）を超越した実践的次元で「永遠の汝」へと関わってゆく信仰的世界であった。現代の課題は人間の対話的関係性の回復であり、同時に神の人格性を回復することであった。それは、聖書思想（ヘブライズム）における神概念の中心的性格である「対話的人格性」を回復することであった。だが、それはこの科学主義思想の一方的な支配下にある現代の思想状況においていかにして可能であろうか。もしこれが可能でないとしたら、われわれはスピノザ的な原理の必然性の下で、宇宙の自然的秩序に拘束された「もの」として生を送るにとどまり、ブーバーのいう（聖書思想でいう）人格（永遠の汝との対話的関係性の下に生きる存在者）となることができないのである。

三　神の絶対的人格性

1　神の人格性

神の人格性とは擬人観ということではないか、これは神の本質を表現するのに相応しいかどうかという疑問が生まれる。このような疑問に対して、ブーバーは『我と汝』（1923年、45歳）の「あとがき」（これは1957年、ブーバー79歳の時に書き加えたものであり、1952年出版の『神の蝕』とほぼ同時期の見解が現われていると考えられる）において答えている。

「神を人格として特徴付けることは、エックハルトのような神秘家がしばしば存在と神を同一化したとしても、私〔ブーバー〕と同様に〈神〉でもって原理を意味しない人、またプラトンのような哲学者が神を時として理念的なものとみなしえたとしても、私と同様に〈神〉でもって理念を意味しない人には不可欠である。つまり私と同様に〈神〉ということばによって……創造し、啓示し、救済する行為において私たち人間に対して直接的関係のなかに入り、それでもって神と直接的関係のなかに入ることを可能とするような者を意味する人にとっては不可欠である」(ID, 169)。

神が人格であるとは対話的関係性を本質としているということである。[21] その対話的関係を象徴するものとして、ブーバーは「神」「無制約なもの」「絶対的なもの」という抽象的概念に代わって、「永遠の汝」を用いて神的なものを表現している (vgl. ibid.)。宗教現象において絶対者が自らを人格化する (personalisieren) ことについてブーバーは次のように述べている。「宗教的関わりの内部では、そしてその言語においては、神の人格について云々することは正当なことである。しかし、そうすることによって、絶対者を人格性 (Personhaftigkeit) へと還元してしまうような、絶対者についての本質的立言がなされているのではなく、むしろそこで言われているのは、絶対者が神と呼ばれる絶対的人格 (die absolute Person) として関わりの中に入って来るということである。神が人格的であるということとは神の行為 (Tat) と解して差し支えない。確かに、信仰者にとっては、神が自分のために人格となった、という告白も許されるであろう。われわれ人間の本質的在り方からすれば、われわれとの相互的関わりはただ人格的としてのみ存在するからである」(Fin, 576)。この引用文からも明らかであるように、人格とは行為する主体であり、関わりの中に入る主体である。神が人格と成るとは、実存(私)のために神が絶対な唯一の「汝」と成ったという事態を意味している。人格と成るとは我と汝の相互的な関わりが実現していることの表現である。「人間に語り掛けうるためには、神は人格とならねばならない。しかし人間に対して語り掛けうるためには、神は人間をもまた真の人格としなければならない」(GL, 410)。したがって、神は人格「である(ist)」(vgl. Fin, 548)といわれているのではない。つまり神の人格はギリシア哲学以来の伝統的な意味での「存在(である)」(静止した永遠、自存する実体、不変的普遍的理念)という述語では表現されえない。むしろ、聖書思想における存在概念である「ハーヤー」(生きた関係的働き、生成運動を意味する)で述語されるべきである。神はハーヤーするのである。「もしそうであれば、神はいわば人間を愛し、人間に愛されるために、すなわち私を愛し、私に愛されるために人間を創造した時に人格となったのである」(Fin, 548)。創造の業とはまさに神と人間・世界との対話的関わりの実現のためでもあるからである。擬人観はこのような人格的対話関係が必然的に要求する現象であるといわなければならない。ブーバーはこう述べている。「あらゆる擬人観は出会いの具体性をその確証において保持するというわれわれの要求に結びついている。しかもこれはまだ擬人観の本来的な根源ではない。出会いそのものにおいて擬人化を強要するあるものがわれわれを魅了するのである。それはこの相互性を要求しているものであり、あらゆる根源的汝である」(Fin, 512)。擬人観を生み出す根源に注意すれば、われわれは神の人格性を十分に納得できる。

次に「絶対的人格たる神」(Fin, 547: vgl. 548) という場合の「絶対的」とはどのように解釈できるであろうか。人格は有限であり特殊的個別的な人間を示し、他の人格との対比において存在しているから「人格という概念を神に適用するのは不当である」(*Nachwort*, in: ID, 169) という異論が出てくるのは当然である[22]。神はこのような比較の対象となる相対性を超越しているからこそ絶対的なのである。人格が有する相対性を超越しているという意味でも神は絶対的と形容されるであろう。では、どうして人格と絶対的とが結びつくであろうか。ブーバーは神を「絶対的人格、すなわち相対化されない人格」(ibid.) と表現するのであるが、では、ここで述べられている絶対的とは何か。それは神が比較の次元にある「我—それ」関係を越えて、「我—汝」関わりにあることを示す。我と汝の無条件の圧倒的な呼び掛けと応答の専一的関係が絶対的と表現されているといえよう。このように人格とは道徳的・理性的主体ということではない。人格性とは、この道徳的、理性的主体を含みながらも、これを支える対話的関係性を意味する。ブーバーはこう述べる。「神を絶対的人格、つまり相対化できない人格として逆説的に特徴づけることが、〔上述の〕異論に対する答えである。神は絶対的人格として、われわれへの直接的関係のなかに入ってくる。この異論はこのより高い洞察に譲歩しなければならない」(*Nachwort*, in: ID, 169-170)。神と人間との呼応的関係にあっては、永遠の汝は私にとって、かけがえのない唯一存在者である。この事実は「我―それ」の認識や論理の次元では理解できない「汝の世界」の出来事である。

このことをさらに説明するならば、「神の人格という絶対的性格――逆説の中の逆説――」(Fin, 548)という神の在り方は、人格として愛し愛されること、つまり相互的―呼応的関係を欲するということを意味するにすぎないという(vgl. Fin, 548)。絶対性はまさに〈関わり〔契り〕の真実さ〉を意味するといえよう。ブーバーはこのように述べている。「私が与えた『絶対者』という概念規定では、人間人格がそのようなもの〔絶対者〕とみなしていて、それでもってその存在について何かを語ることができないような何かが意味されているのではない。むしろ絶対的実在(die absolute Wesenheit)そのもの――これが人間人格に瞬間において自己を示し常に存在する形象が何であれ――を言っているのだ」(Fin, 576)。絶対者とは、規定される「それ」として示されないが、絶対的実在として迫ってくる者を示している。神を絶対者としてではなく「永遠の汝」と表現することで、人間の認識の枠組からは限定不可能である〈現在する力としての汝〉（vgl. ID, 153）を示そうとしているのである。我と永遠の汝との対話的関係は相対化されえない、つまり他の対象で交換されうるような相対的関係ではないという意味で絶対的なのである。[23]「絶対者が神と呼ばれる絶対的人格として関わりの中に入って来る」（Fin, 576）のは当然である。というのは相対的な人間人格とは関わりを持たないで、天空の太陽のように超然としているところに絶対者の絶対性はあるのではないからである。もしそのような絶対者がいるとしたら、それは他の絶対者に対立するひとつの相対的なものに成ってしまっているといえるのではなかろうか。絶対者の絶対性は、相対者（有限者）との対比において成立するのではなく、むしろ相対者（有限者）との相互的な関わりのなかにおいて絶対性は存在するのではないか。真の絶対性は相対者相互の関わりのなかに現象するのである。[24]相対者と絶対者が対立し排除し合うのは「我―それ」関係の世界の出来事であって、「我―汝の関わりの世界」では、相対者と絶対者の関係はそうした排除し制限し合う関係ではないといえよう。ブーバーはこのようなわけで、「人格性の概念はもちろん神の本質を説明するにはまったく不十分であるが、神は人格でもある（Gott sei *auch* Person）ということは赦されることであり必要なことである」(*Nachwort, in: ID,* 169) と述べている。

カントにおける人格概念と比較してみると、ブーバーが何を問題としているかが明らかになろう。カントにおける人間存在の二重構造論によれば、人間は現象界(自然界)に属する現象人と物自体界に属する可想人に分けられ、前者に人格が後者に人格性が対応する。人格(Person)概念は現象界に現存する個々の人間であるが、この人格を事物や動物と違って人格たらしめているのは、この人格に内在する人格性(Personalität)である。この人格性は決して手段とされてはならない尊厳なる絶対的価値を持つ目的自体である。この人格性の理念を実現する具体的基盤が個々の人格である。人格性は超越的世界である叡知界に理念として想定されると同時に自発性の主体でもあり現実化の根拠でもある。人格性はすべての人格に普遍的に与えられている価値的原理である。このような人格性を実現する人格は物自体界である自由界に存在の根拠を置く自由な意志の主体である。この人格は理性的人格であり、道徳的主体、責任能力の主体、権利と義務の能力である主体である。(25) しかし、この人格は自己内の二重構造(感性と属性)の関係から理解されているのであるから、他者存在を前提にしないでも成立しうる独白的人間観といえよう。もちろんカントにおいて他者存在の問題はまったく意識されていなかったということではないし、真理の普遍性の認識には他者が念頭にあるが、その他者の在り方がブーバーとは異なるといえよう。

2 永遠の汝としての神と人為的宗教性における「物」としての神

ブーバーは『神の蝕』において、「ある時代の真の刻印は、宗教（Religion）と実在性（Realität）の間の、その時代を支配している関係において最も確かに知られる」（Fin, 511）と述べて、ある時代の宗教現象の構造がその時代の精神構造の特徴を表わしているという。つまり、ある時代の宗教現象が真の実在に根ざしているかあるいは虚偽・虚構の表現にすぎないかは、その時代の人間の在り方を最もよく表現しているのである。個人の人生においても、また人類の歴史においても絶対的他者との生きた人格関係が存在している時代と、「汝」として語り掛ける他者を失い、絶対者の理念・概念・名称などの形象に関わる時期とがあろう。後者では、絶対者（神）は人間の構想した抽象的理念のなかに拘束され、人間に所有され、操作されている。「生きられる生活の状況において、ある人に歩み寄り語り掛ける生ける神は、そうした『超感性的世界』の構成部分ではない。その神は主観性の対象としての感性界に入れられないのと同様に、超感性界にも入れることはできない」（Fin, 518）。さらにブーバーは汝としての神に「それ」として対応せざるをえない人間の態度についてこう述べている。「永遠の汝は本質にしたがって汝である。ただわれわれの本質がその汝〔永遠の汝〕を〈それの世界（Eswelt）〉と〈それの言説（Esrede）〉の中へと引き入れざるを得ぬように強いているだけである」（ID, 146; vgl. 128, 154）。神は決して限定され確保される「それ」には成りえないのである。確かに、「人間は神を所有したいと欲する。人間は時間と空間の中に連続的に神を所有することを欲する」（ID, 155）。だが、そういうことはありえない。神を所有しようとするところでは、「物なる神（Gott-Ding）」（ID, 154）「それとしての神（Gottes-Es）」（ID, 157）が扱われているが、まさしくここに、人為的宗教における造られた神（偶像）が生まれているのである。ブーバーは「生きた人格でないような神は偶像である」（Fin, 541）という。「汝」なる神が「それ（物）」とみなされる時、またその限りにおいてはじめて、偶像としての神についてのさまざまな現象が生まれるのである（vgl. Fin, 537）。それは神の形体化、客体化、概念化、死物化、新規化という道である（vgl. ID, 155）。

このようにして歴史のなかで形成された宗教的文化諸現象の伝統に「汝なる神」が覆い隠されるということが起こっている。したがって、その宗教的諸現象を媒介としながら、その背後にある「汝―永遠の汝」関係を回復することがわれわれに求められている。ブーバーは、現代の宗教現場における課題を次のように述べている。「形象（Gestalt）というものもまた汝（Du）とそれ（Es）との混合体である。形象は信仰や祭式の領域においては凝固し対象物に化してしまうことがある。だが、形象は、関係の真髄がそのなかに生き続けていれば、繰り返し現在となることができる」(ID, 158)。このことは言い換えるならば次のようになる。「神はそのさまざまな形象の近くに存在している、――もし人間がその形象を神から遠ざけてしまわないならば」(ID, 159) と。確かに、「汝」なる神は「神学的形像物（theologisches Geblid)」(Fin, 528) のなかに或いはそれを通して限定されて現わされざるをえない。[26] したがって、われわれが「汝」としての神に出会うことがないならば、いかなる形象も死せるものにすぎないし、神への道を閉ざすものになるが、[27] もし神との対話的関係が実現するならば、神の形象も生命をもつことになる。そして形象がわれわれに対して語り掛けるものとなる。しかし、ブーバーは人為的宗教の中心に関わる問題点を次のように厳しく指摘している。「出会いの真理（Wahrheit）なくしては、あらゆる形象（Bild）はことごとく遊びであり欺瞞である」(Fin, 519) と。

現代では、もはや対話的関係における人格的他者（「汝」）としての神は隠れてしまっているといわれる。だがそうではない。むしろわれわれが、そのような関係を断つことによって、神を隠してしまったといえるであろう。「神は死んだ」とニーチェは叫んだが、これは現代人が「汝！」と呼び掛けることのできる絶対的他者としての神を見失ったという告白である。現代の無神論的哲学では、従来、神的なものとの対話と考えられてきたものは人間の内面における多くの層の自己の間での対話にすぎないと解釈するのであるが、これは自己の内面での独り言（独白）と呼ぶべき現象であったのである。そのような独白（モノローグ）において構想された神概念は、人間の自己中心的な願望の投影された理念にすぎない。現代の宗教的課題は、人間がいかにして独白的な在り方から対話的な在り方へと自己変革し、真の超越的なる次元に出で立ちうるか、ということである。

第五節　宗教的現実と人間の危機

一　神の蝕における倫理と宗教

1　宗教的なものと倫理的なものの関係の二形態とその崩壊現象

立体的間においては垂直的間と水平的間は相互的関係にあって、両者の前後関係が決まっているわけではなかった。個々の汝との出会いを通して永遠の汝へ、反対に永遠の汝との出会いを通して個々の汝へ、いずれもが可能であったが、ブーバーは前者を不可欠とした。ところが、宗教と倫理との関係に立体的間の構造を適用する時、垂直的間は宗教的関係であり水平的間は倫理的関係であるといえるが、前者の宗教的なものが先行し、そこに倫理的なものが成り立つのである。つまり倫理・道徳は宗教から命と力を受けている。その意味では、道徳は宗教に基礎づけられるが、逆のことはいえない。つまり宗教の命が道徳のなかに包摂されてしまうのではない。人間の人格的生の本質的要素は立体的間で受ける「光」であった。この光で象徴されるのは対話的真実（真理）である。[28] この宗教的な次元の真実なくしては倫理的生は行き詰まるといわなければならない。[29]

現代では倫理的なものと宗教的なものの関係が希薄になり、時には失われていて、そこに神の蝕が現われていると考えられのであるが、ブーバーは人類の思想史において超越的世界に関わる宗教的現象とこの世の人間生活の規範に関わる倫理的現象との関係について二つの形態があったことを略述している（vgl. Fin, 578-585）。

第一は古代オリエントやギリシアの思想に見られるものである。それによれば永遠的な宇宙的

（コスモス的）秩序が人間の個人倫理（内面生活での魂の在り方）と共同体倫理（ポリスの秩序）を根拠づける（vgl. Fin, 579）。前者の宗教的秩序が後者の倫理的秩序の基礎になっている。相対的時間的世界の背後に絶対的永遠的世界を前提する。そして両者の関係においては後者が前者を基底づける。宇宙的原理が人間的規範を制約する。つまり「倫理的秩序は宇宙的秩序と同一である」（Fin, 578-579）という思考方法である。ブーバーによるとそれは支那の〈道〉、インドの〈リータ〉、イランの〈ウルタ〉、ギリシアの〈正義（ディケー）〉の思想に見られ、ギリシアの自然哲学者ヘラクレイトスのロゴス論、アナクシマンドロスの世界法論などに見られるという。ギリシア思想に限っていえば、この秩序論の危機はソフィストたちの相対主義、懐疑主義によって起きた。それは「人間が万物の尺度である」（プロタゴラス）に現われている。この価値相対主義、懐疑主義に対して永遠的真理の実在を主張したのがソクラテスであり、プラトンである。プラトンのイデア論はまさに宗教と倫理の統合をめざし、相対性の次元を超越した絶対的存在の根源に出会う「古代思想の偉大な試み」（Fin, 580）であり、「神は万物の尺度である」の回復であったとブーバーはいう（vgl. ibid.）。ここでは存在の秩序が倫理規範の秩序を制約しており、存在の根源である善のイデアがすべての秩序の根拠であって、人間的主体はその実現に参与する。人間は、超経験的な形而上学的価値世界と経験的な生活世界に跨る二元的存在者であり、この人間によって前者が後者の場に実現されてゆく。だがそのような彼岸と此岸の調和的世界構造も崩壊していった。

第二はイスラエルの宗教思想に見られるものである。これはヤハウェ神とユダヤ民族との間に交わされた信頼関係（契約関係）に実現している〈倫理規範と超越的人格との独特な結合〉である。この人格相互の独特な結合つまり契約では、第一形態のような存在の上下の秩序づけではなく、人格相互関係の真実が秩序の基礎になっている。つまり原理・法則的秩序ではなく、人格的秩序（これについてはすでに述べたように対話的秩序を示す）が問題となっている（vgl. Fin, 582）。そこで注目しなければならないのは、第一形態では倫理的規範の根拠として宇宙的秩序（形而上学的原理）が前提されており、両者の連続的関係が説明されていたが、この宇宙的秩序が何故在るのかは問われなかったことである。つまり、第一の形態に対して第二の形態ではこの造られた背後的世界（＝観念的世界）を超越して、これを創造した者へと視座が移る。〈何故、宇宙的秩序は存在するのか〉〈何故イデアが存在するのか〉と問いただされて、この被造界（＝可知界と可感界のすべてを含む世界）を超越した創造主つまり「創造に先立ち（vor）、創造を超える（über）神」（CB, 860）へと関心は向けられる。倫理的規範の根拠は宇宙的――形而上学的世界を超越した自由な主体（創造主）つまり「無限定な根源的神性」（CB, 858）「無限定な人格、絶対的人格」（ibid.）に由来することが露にされる。この根源的自由な主体（創造主）との関わりによって人間の自由な生き方は創造される。この根源的自由な主体に対向しないで、制約された既存の秩序の現われである倫理的規範は力のない限定されたものである。世界観は人間の自己理解の反映であるが、造られた現実（被造世界）の制約のなかでの世界形成論（プラトン）、世界構造論（アリストテレス）や世界流出論（プロティノス）には、主体相互の自由な関わりは考えられているだろうか。これに対して聖書思想における〈無から世界を創造する主〉という神話的表現には、無制約な根源的自由の主体相互の交わりの世界が現われている。

この第二の形態においては、神（JHWH の四文字で示されるヤハウェ）とユダヤ民族との間には選び選ばれる、愛し愛される対話的関係（これは契約的関係ともいえよう）がまず成立していて、この関係からその結晶として倫理的掟が生まれたのであった。前者は垂直的間の成立であるが、それを基にして後者の水平的間が生まれたのである。例えば、出エジプトにおいてユダヤ民族を率いたモーセと神との間に交わされた十戒を挙げることができる。まず神と人間との垂直的間の人格的（対話的）契約関係がなければ、水平的人間関係における倫理的規範も力をもったものとして成立しないのである。このように永遠の汝との関係である宗教的なものと個々人の内的態度および共同体の秩序にかかわる倫理的なものとは、この実存において不可分の出来事であるが、存在の前後関係をいえば前者が先であり、後者が後である。

宗教的なものと倫理的なもののこうした前後関係は以上の二形態に共通していることである。ブーバーはこう述べている。「もしわれわれが具体性において二つの領域〔宗教的なものと倫理的なものの領域〕の間の関係を宗教的なものから観察するならば、われわれは包括的な構造変革〔この世に存在するものの在り方の根本的変化〕を引き起こす輝きが人間の全生活において放たれる大いなる傾向をみるのである。つまり生きた宗教性は生きたエートスを創り出そうとするからである」(Fin, 577)。反対に両領域の関係を倫理的なものの側から観察するならば、われわれが魂のなかで判断し決断しようと努める時に、その絶対的基準を自己のなかに造り出すことはできず、結局は「それなしには完全なる省察はありえない倫理的座標の絶対性は絶対的なものへの人格的な関わりからのみ生じる」(ibid.) ことに気づく。また、宗教的伝統において伝承されてきた倫理的掟(規範)がわれわれに対して妥当性を持ち始めるためには、それが「絶対者への人格的な本質関係の真理において鋳直されねばならない」(Fin, 578)。ということは、われわれの神への関係が

「永遠の汝と我」という対話的関係に変革されていなければならないわけである。つまり、先程述べたように倫理的なものと宗教的なものとの前後関係は見誤ってはならないということである。ブーバーの表現に従えば、「常に授与するのは宗教的なものの側であり、受け取るのは倫理的なものの側である」(ibid.) といわなければならない。

このように、第二の形態の場合、この民族にとっては人間の生の目標は善なる倫理的次元に留まることではなく、聖なる宗教的な次元へと高められることであった。「この民族〔ユダヤ民族〕に必要なことは、『善き』民族であることではなく『聖き』民族であることである。[30] したがってあらゆる倫理的要請はここでは、人間をつまり人類を次のような領域に高めるようなあるものとして告げられる。その領域とは倫理的なものが宗教的なもののなかに現われてゆくような場、むしろ倫理的なものと宗教的なものの差異が神的なもののそのものの呼吸空間のなかに止揚されてしまうような場である」(Fin, 583)。

以上要するに、第一形態では倫理の「規範的原理」(ibid.) が「神学的原理」(ibid.) に根拠づけられており、第二形態では神と民との呼応的関係において両者は分けられない一体の出来事であった。ところが、現代では宗教的なものと倫理的なものの結合に関するこの二つの形態とも失われつつある。つまり、倫理と宗教の相互関係が不明にされて、これに代わって宗教的な根拠を排除した価値相対化の思想運動が現われる。ブーバーは、フォイエルバッハ、マルクス、ニーチェを取り上げて現代の人間中心的秩序論の問題点を指摘している。これは宗教の世俗化の思想運動であるが、ここに神の蝕の現象を見ることもできよう。

2 「人間の根源的危機は《宗教》である」の意味と「神の蝕」

儀式化され道徳化（律法化）された宗教は、その形式性が超克されなければならない。宗教性の本質である「我―汝の対話的関係」を回復するためには、宗教現象はその形式的儀式・教義性を克服しなければならない。なぜならば形式的儀式・教義化は「我―汝」関係の「我―それ」関係への変質を引き起こしていることが多いからである。このことをブーバーは「〔真の〕宗教は、レアルであればあるほど、いっそう〔形式化した〕自己を乗り越えようとする」（Fin, 527）と表現している。同様な現象は道徳においても起こっていて、個別的状況における人格相互の対話的倫理がその対話性を失ってしまい普遍妥当性の倫理へと変質してしまうのである。それは倫理における状況倫理から原則主義倫理への移行でもある。

このように宗教と道徳が真に生きた宗教と道徳であるためには、開かれた「我―汝」関係が「我―それ」関係へと閉じられ凝固してしまうことを警戒し、それを常に超克してゆくことが求められる。ブーバーは宗教現象におけるこうした二つの在り方をこう解説する。「自らを止揚する用意がある冒険としての宗教は、栄養に富む動脈流である。体系として所有され保全し保全されている宗教、つまり宗教〔儀式化し教義化しているもの〕を信じている宗教は滞留する静脈流である」(ZW, 191)。後者においてはわれわれは永遠の汝に心を開く真の宗教的世界から離れて、人為的観念のなかに閉ざされ拘束されるのである。それに続いて、彼は道徳と宗教が人間をして立体的間に出で立つことをいかに遮るものとなってしまっているかを次のように指摘する。「道徳ほど共に居る人間の顔を遮ることのできるものがないように、宗教は他に例がないほどにわれわれから神の顔を遮ることができる」(ibid.)。

神の蝕とは神と人間との間に夾雑物《きょうざつぶつ》が介入してくることであると述べたが、その夾雑物をわれわれ自身が生み出している。こうして神の蝕を生み出すことによって実は人間が自らの危機をも生み出している。このことをブーバーは、「交わりの人間の側からあるものが分離して、自立し、完結し、見せかけの相互性を補い、真の交わりに取って代わるということが根源的危機である。

人間の根源的危機は『宗教』である」（CB, 744）と述べている。これは大胆な、誤解を招きやすい発言である。G・ベールはブーバーのこの文章についてこう述べている。「革命的な文章だ！この文章によってブーバーは次のことを言おうとしている。『《聖なる場所》《聖なる》時、儀式的で秘蹟的なものや、礼拝的なものに属するすべてのものは、人間のひとつの世界と神との出会いのひとつの場所を《聖》と《俗》という二つの領域に分けた』と。特殊な場所と日常生活から隔絶された時間は、〈解離（Ablösung）〉を引き起こしている。神はゲットーの領域へと押し込められる」[31]。これは、人間が人為的に形成した宗教がかえって神と人間との交わりの場を排除していることを述べている。夾雑物を二つの世界（聖と俗）の間に入れて、これを分離したことに伴って、永遠の汝（神）は見失われた。現実の危機的現象の原因に人間の心を拘束し歪める人為的宗教が潜んでいて、それはさまざまな形態をとって現われている。それは理性を麻痺させてしまうものともなる。このように宗教的なものと倫理的なものの分離の背後で起こっていることは、宗教における形式と内容の乖離であり、もっと奥には宗教性の命である永遠なるものとの呼応性が失われていることである。

3　世俗化の問題と神の蝕

宗教的次元で受けた力を倫理的次元で実現することが人間に課されている。その課題はいかにして果たされるであろうか。ブーバーは神の道を歩むことができるのは、われわれが神との応答的関係にパートナーとして参与しうることを前提としていると次のように記す。「人間による神の模倣、つまり『神の道で神に従うこと』は当然のことながら人間のエートスに向けられた神的属性としての正義と愛においてのみ遂行される。あらゆる属性は、属性を越えた神聖さのもとでは透明である。この神聖さは、人間とは根源的に異なっているが、人間的次元において人間によって模倣されうるのである。絶対的規範は、絶対者の前に導く道のための指図（Weisung）として与えられる」(Fin, 583)。

このように神の道を歩むことができるのは、われわれが神との関係においてパートナーとして参与しうることを前提としている。ヘブライ思想においては、人間は根源的自由において神と対話のパートナーなのである。ブーバーは「神の自立したパートナーとしての人間というイスラエル的秘儀」(Fin, 585) を強調している。人間は神の前で罪の重荷に押し潰される奴隷ではけっしてなく、むしろ神のパートナーであるという。[32] 人間の自立ということに関しては、ブーバーは、旧約聖書『創世記』三章にある「楽園喪失の物語」（堕罪物語）の解釈においてキリスト教的伝統とは異なった立場を取っていると考えられる。つまり、罪を犯して（＝意志が向かうべき方向である神から逸れて、自己中心に方向を決定したこと）楽園を追われたアダムとイブは、罪を犯したとしてもその意志には自力で神へと向かうことのできる能力が残っているから、この内在する能力を頼りに神のパートナーとして義しい道を歩むことができるという立場である。われわれは、内なる自由な意志の力で神に対向できるのである。ブーバーは「倫理的なものと宗教的なものとのこうした結合のための前提は……次のような根本的な直観である。つまり、人間は神によって創造されることによって神により自立性（Selbständigkeit）のなかに置かれていて、この自立性はそれ以来減じていないということである。さらに、人間はこの自立性において神に対向して立っているということである」（Fin, 583）と述べている。

こうしたユダヤ教の信仰（神への真実）は次第に失われてゆく可能性がある。はじめは神と人間はパートナーとしての信頼関係をもっていたが、次第にこの信仰は希薄になってゆくのである。信仰（対話的信頼関係）は人間の側の行為と対応しなくなる。それは立体的間の崩壊によって信仰と行為（業）の分裂が生まれたということでもある。旧約時代では預言者たちが人々のその分裂を鋭く指摘し、新約の時代〔非常に曖昧な規定であるが〕には律法主義に含まれているその分裂をイエスは指摘した。ブーバーの表現を用いれば、それは「信仰の意図を失った儀式的業……信仰の意図を失った倫理的業」(Fin, 584-585) であった。ブーバーの叙述に従えば、キリスト教の伝統的教義では、アウグスティヌスから宗教改革者たちに至るまで、罪を犯して神の像を失った(あるいは傷つけた)人間は、ひたすら神の恩恵に助けられてのみ義しい道へと導かれることができると説くのである(vgl. Fin, 585)。われわれは自由な意志を失ってしまって、罪の奴隷になっているから、この罪から解放してくれる救い主(キリスト)がこの世に与えられたというのである。そこでは「原罪の教義は、倫理的なものと宗教的なものの本来的な結合――これは人間の信仰的自律によって真の神律を実現しようとするのだが――を要求することはなかった」(Fin, 585)。こうしたキリスト教思想は倫理的なもの(自律的な面)と宗教的なもの(恩寵の面)の本来的な結合を曖昧にすることになった。キリスト教特にパウロでは、信仰は人間側の行為の評価とは別に一方的に神からの恵として与えられるものとして受けとめられることによって、倫理と宗教の分離が見られる。人間の良き業の蓄積に頼る〈律法による義〉ではなく、汝の側から与えられる恵みを受ける〈信仰による義〉を強調するパウロの神学に対して、ユダヤ教の伝統に立つブーバーは批判的である。(33) その後、近代以降には、この分離は拡大されてゆき次第に世俗の倫理規範がそれだけで独立した絶対的権威をもつようになる。「倫理的なものを宗教的なものに真に結びつけることはここではますます少なくなっている」(Fin, 585)。現代の精神状況における神の蝕は、このような世俗化の現象形態を取って進行してきているとブーバーは洞察する。(34)

二　宗教的現実と経験

1　日常的現実から隔絶した神秘主義的宗教現象における神の蝕

宗教的現実をわれわれの生活のなかで閉ざされた特殊領域とみなすことはブーバーの批判するところである。ブーバーはこの日常的生活から隔離された場所で（聖域で）神秘的な仕方で絶対的なものと合一し（ユニオ・ミスティカ）、エクスタシー（脱我）の感情的状態を体験することが宗教的なことであるというのは根本的に誤っているという。日々の生活から閉ざされた局所的な場所での、こうした神秘的体験を宗教の場所とすることは誤りである。「真の生活と人間存在の充実は脱我的―宗教的なものという何らかの例外的な状態において初めて探求されるべきではない」[35]。生活の一切のものが聖なるものの現われる器である。ブーバーの思索に見られる神秘的な要素は、対象化できないもの（「汝の世界」）を無理に対象化しないで、そのままにしながら相互に〈名前を呼び合う〉対話的な仕方で、それに出会ってゆくところに見られる。これは距離を自覚しつつ関わる非連続の連続という行為であるから、人間的なものと超越的なものとの合一を志向する神秘主義とは違う。したがって、彼の神秘的な要素は独白的神秘主義のように閉ざされた秘儀的現象ではなく、人間的なものと超越的なものとの根源的距離を自覚した上での対話的関係の神秘つまり対話的神秘主義といってよかろう。あるいは、神秘「主義」は相応しい表現でないかもしれない。なぜならば、彼は一定の主義主張の立場を拒否するからである。彼の立場は「人格的交わり」（CB, 85）という対話的神秘と表現する方がより適切であろう。ブーバーの対話的神秘は魂と神との合一、主観と客観の合一ではなく、人間と神と世界内の諸存在者間の相互的関係の神秘である。したがって、これは世界から離反する秘められた経験ではなく、世界へと開かれて関わりゆく経験である[36]。G・ベールは、ブーバーの神秘主義の立場を「『目を閉じること』ではなく、むしろ『開眼』である。瞑想ではなく、最高の行為である」[37]と説明し、H・ベルグマンはブーバーの神秘主義の観点から世界への接近について、「理性の道でもなく、世界を否定する神秘主義の道でもないところの世界の内面に通じる道が在る」[38]という。それはどのような道であろうか。それは宗教的現実としての日常生活を歩む道である。ブーバーは宗教的現実としての日常生活をこう表現している。

「人間の故郷は〈神の前で〉恣意を棄てた生活なのである」(Fin, 528)。

このように、われわれの生活全体が宗教的現象の起こりうる場であるといわなければならないが、歴史的な事実としては、われわれはそれを特別な領域に隔離してしまい、ついには現実生活を離れてそれ自体が固有の意味・価値を保持するものにしてしまったということがあるのではないか。宗教現象とは、日常生活から聖別された特殊な人工的空間(聖域)であるとみなして、その空間を「もの」のようにこの世界内に保持したいとわれわれは願ってきた。われわれは聖なる超越的なものが固定されるかのように感覚に訴える神殿や寺院を求めてきたのである。

真の現実から疎外された生はふたたびその現実へと呼び戻されなければならないが、まさに真の宗教は、人工的な何らかのイデオロギーや偏見や律法主義(特定の規範を絶対化して他を容認できなくなる程に頑な原則主義)によって歪められた特殊な現実から人間を解放して、広大な生の地平へと開眼させる。「宗教的要素が自らの真正さを保持するためには、個人の宗教的生活から分離独立しようとして生まれた集団の自立化と戦わねばならない。この戦いは、預言者の抗議、異端者の反逆、宗教改革〔による既存のもの〕の解体、〔真の宗教的要素の〕再興を望んでの新しい基礎付けにおいて遂行される」(Fin, 528)。これらの戦いには人為的諸現象の歪みからの解放が意図されている。ブーバーの視点からすれば、この戦いは人間存在の根底である永遠の汝と我との出会いの場(垂直的間)を回復する試みであったといっても良いであろう。彼は、この人間存在の根底とそこから生まれる人為的諸現象との関係をこう述べている。「人間存在の根拠――そこにおいて人間存在が集中し全きものとなるのだが――は、そこからもろもろの形像が生まれる魂の母体である。〔そこから〕神々の形像は発生する――この地上の素材において持続する明確なものへと結び付けられるような神々の形像であれ、また魂のままで留まりそして魂の呼吸空間にのみ住まおうとするような神々の形像であれ」(Fin, 537)。

ここに生まれた形像とは「汝」と「もの」の混合体であるが、この見える形像に囚われてしまうと、それはまさしく神の蝕の現象の原因となる。凝固した「もの」を繰り返し壊してゆく〈否定の道〉を歩みゆかざるをえないが、そのめざすのは破壊の彼方に開かれてくる〈覆われていた真の現実〉なのである。したがってブーバーの否定の道の背後には、〈肯定的な道〉が確信されていたのである。われわれは否定の道により「もの」を在らしめている「汝」をつねに呼び起こしながら、さらに「もの」に具現しきれない「汝」を受容することを求める。そうでなければ、「汝」と「もの」をいかに巧みに統合してみても、そこに形成された形像は結局は真実在の影のようなものに留まらざるをえないだろう。なぜならば「出会いの真実（Wahrheit）なくしては、あらゆる形像は戯れであり欺瞞である」（Fin, 519; vgl. 513-514）からである。[39]

たとえば、ユダヤ人の哲学者H・コーヘンは、アブラハムの神と哲学者の神、人格的神と理性神の同一化を試みたのであるが、それは失敗したし失敗せざるをえなかった。「なぜならば、人間の傑作である神の理念は、さまざまな形像のなかの形像以外のなにものでもないし、人間が形像なきものである神について造ったさまざまな形像のなかでもっとも崇高なもの以外のなにものでもないからである」（Fin, 549）。したがって、形像化によって必然的に伴われる宗教的現実の非宗教的現実化あるいは反宗教的現実化に対して曇りなき理性的批判を向けなければならなかった。神の擬人化は危険な現実化である。それゆえに、われわれはそれらの形像化の背景に働く生きた宗教的現実を保持しつづけなければならないのである。ブーバーは、われわれに神理念の根拠を考察する方向性を指示し、その理念は神（汝）ではないと強く拒否しなければならなかった(vgl. PR, 1114; A, 593; GM, 1261)。対象化できない永遠の汝への方向性を暗示することによって、われわれは形像（理念）としての神から離れて、対話的愛のパートナーとしての神に語り掛けるのである。それはわれわれが観察者（思弁家）から語り掛ける主体へと変身することを意味する。このことが宗教的経験と呼ばれる。ここに〈語り掛ける〉とあるが、それはどういうことであろうか。次にこの経験の内容について考察しよう。

2　出会いの現実としての宗教的現実

宗教的現実において決定的に重要なことは何か。それは神的なもの（das Göttliche）に対面すること、ブーバーの用語では〈対話的な関係にある〉ことである。この出会いの経験、語り掛けられて応答する経験、向かい合う経験が宗教的経験である(vgl. Fin, 513)。彼は宗教の真正さ(Echtheit)について次のように述べている。

「宗教の真正さにとっては、神的なものの人格的な現われが決定的なことではない。決定的なことはむしろ、神的なものに対して、〈私に向かい合っている存在者〉として——たとえ私ひとりだけに向かい合う存在者でなくても――関わることである。〔主観主義の立場に見られるように〕人間の自己の領域の中に神的なものをまったく引き込むことは、神的なものの神性を破棄してしまうことになる。ほんとうに神を信ずるために神について何かを知ることは必要ではない。そして多くの真の信仰者は確かに神に向かって（zu）語りかけることを知っているが、神について（von）語ることは知らない。〔認識の対象としては〕知られざる神であっても、もしわれわれがこの神に向かって生き、この神を出迎え、この神に呼び掛けようとするならば、宗教の正当な対象である」（Fin, 523）。

知られざる神に真心をもって語りかけて、この神に向かい合って共に生きることが宗教の現実であって、この現実を離れて神を超越界や内面界に配置するならば、ましてや文字や生活習慣や物理的空間（例：教義、儀式、倫理的業、会堂）に保持できると錯覚するならば、それは人為的神（偶像）と戯れているにすぎないのである。ユダヤ教の預言者たちが激しく糾弾したのはまさしく偶像崇拝であった（『イザヤ書』、『エレミヤ書』など参照）。真の宗教現象は、さまざまな属性を持った絶対者・超越者〈について〉知識を持つという現象ではない。ブーバーによればそうではなく、神に対して「あなた（汝）」と呼び掛けつつ、パートナーとしての神と「共に生きる」ことである。[40]「あらゆる偉大な宗教性がわれわれに示していることは、信仰の現実性（Glaubenswirklichkeit）は『信じられた』つまり無条件に肯定され、無条件に存在するものへ向かって生きることを意味するのである」（Fin, 525）。自己の存在の根拠であるところの無制約なる永遠的他者に向かって語り掛けながら生きるところに信仰の現実性があり、宗教の宗教性がある。[41] この信仰の現実は〈対話的愛〉であるということもできよう。[42] その時、われわれは人間の願望の投影としての偶像、形而上学的理念、倫理的理想としての神を越えて「永遠の汝」に出会っている。ブーバーはこう述べている。「もしひとが神を愛するならば、そのひとは理念を超える現実を経験する。彼は愛の対象を哲学的思惟の対象として保持するために哲学者としての大いなる努力をなすことはできよう。愛〔これはすでに述べた応答愛ということができよう〕はパートナーの現存在を証しする」（Fin, 549）。信仰篤い神学者たちを神の前へと駆り立てたものは理念を超える愛の対象に触れて（出会って）しまったからである。その愛が彼らに〈共に居るものの存在〉の証を要求してやまない。その証のために理性の営みに没頭せざるをえなかったのである。恵み与えられた信仰は真の理性を求める。それは単に論理的な思考ができるとか、功利的な計算ができる理性ではなく、恵与されたものを証言する理性である。信仰の光の恵みのもとに照らされる真の理性とは、対話的関係にある理性であると表現され、これは自我中心的な営みを行なう理性とは違うといわざるをえない。こうした宗教的現実の特質を明確にするには、これと対立する哲学と比較してみるとよい。哲学の営みでは自己と永遠的他者との具体的関係から、つまり宗教性生の経験的現実から認識の主観が切り離され、これに対向する絶対者という客観が対立し、この客観が観察されて神理念の認識が始まるのである。このことはすでに述べたところであるので反復はしないが、そこに神の蝕の源があったのである。

3　神への畏れの喪失と神の蝕

永遠の汝と人間との対話的関係では、両者の近さ（親しさ、信頼）と同時に遠さ（浄さ、畏れ）が自覚されている。他方、哲学者は神に畏れをいだくこともなければ、また親しみを持つこともなく、神を絶対的・無限的・全体的な理念として眺める（「我—それ」関係）ばかりである。われわれは「〔パートナーではない理念としての〕絶対者には出会うことはできない」（A. 591）のである。したがって、〈哲学者の神〉の前でわれわれは跪くこともなければ、讃歌を捧げることもありえないし、自己の罪を懺悔することもない。ただ世界の原理や法則として、またその根拠として想定されることを認めるばかりである。すでに述べたようにプラトンやアリストテレスが思念している最高原理なる神と、ヘブライの思想家が祈りを捧げ、赦しを乞い求めている「汝」なる神とは全く異質なのである。

ブーバーが指し示す宗教的現実は人格相互が距離を自覚しつつも関わりを持つ、つまり畏れ敬いながらも親しく語り掛ける相互主体的な場であるといわねばならない。こうして対話性つまり「我と汝の二元性は宗教的関係においてその完成を見いだす」(Fin, 526) のである。そこでは永遠の汝の義と愛が貫徹されるから、人間の側では畏れと感謝が生まれる。ヘブライズムにおける真理概念 (エメト) が神と人間の関係における〈人格的真実〉であるのに対して、ヘレニズムにおける真理概念 (アレーテイア) は事実の客観的真相を露呈することであったが、ブーバーが宗教的現実というのは前者の真理が実現される場のことである。[43] 彼は「すべての宗教的現実は、聖書宗教が『神に対する畏れ』と名付けているものと共に始まる。つまり、それは生と死の間で、現存在が不可解で不気味なものと化す時に、あるいはあらゆる確かさが神秘的なものによって揺り動かされる時に始まる」(Fin, 529) と述べている。われわれは、この畏れという「暗い門」(ibid.)

をくぐり抜けてこそ聖化された日常生活へと向かいうる。(44)

ブーバーは、神を畏れることと現実を受けとめることについてこう述べている。「前もって畏れを経験することなく〔直ちに〕愛でもって始める者は、自らが作り容易に愛することのできる偶像を愛しているのである。しかしまず畏れるべき不可解な真実の神を愛しているのではない」(Fin, 530)。「〔神に対する〕畏れの門を通った信仰者が彼の現存性の具体的な状況連関へと指示され、〔そこへと〕差し向けられることはつぎのことを意味する。つまり生きられた生の現実が畏れるべきものであり不可解であるとしても神の前で、生の現実に耐えること、また彼が愛することを学んだ神の愛のもとでその現実を愛することである」(Fin, 530)。

現代の科学主義の時代に生きるわれわれには聖なる畏るべきものに対する感動の欠如が一般化していると思われるが、それは神の蝕の徴候でもある。そもそも知られざるもの(明確に対象化できないもの)に対する畏怖は、幼稚な意識に起こる不幸な観念であって、現代の科学の発達はこれを克服してしまうと考えられている。だが現代のわれわれは畏れるべきものを克服したのではなく、畏れるべき「永遠の汝」を見失ったというのが事実ではなかろうか。

第六節　対話的思惟の欠如と神の蝕

一　宗教における非対話的諸形態と神の蝕

ブーバーにとって宗教的人間とは熱狂的で異常な人間のことではなく、人間が真に人格的存在になりうる立体的（対話的）間の領域に出で立つ実存のことであった。自己はどこまでも自己でありつつ他者と関わる。人間はどこまでも有限な人間でありながらも絶対的他者に語り掛け、語り掛けられながら関わってゆく。（ここで語り掛け、語り掛けられるというのは〈音声を伴う言語によるという現象に限定されたことを示すのではないことはすでに述べてきたことである。）この断絶と関係が絶えず交替する動的な対話的領域が、人間にとっての宗教的現実であった。先に述べたように、ブーバーによれば、人間の現存在の二重構造における「我─汝」関係が宗教的な在り方である。ところが、宗教現象の歴史を振り返ってみる時、この対話的現実から逸れて、一方では人間が自己を過少評価して絶対者にすべて委ねるか、他方では人間が自我の内面へと沈潜して自己絶対化してしまうという現象が起こっている。ブーバーは前者を「依存説」といい、後者を「没入説」という。

この没入説をさらに詳しく分析すれば、第一に神と人間との合一によって対話的現実における関係の弧の一方を消してしまう試みと、第二に神と人間との同一性を前提としてこの弧を克服すべき妄想とみなす立場に分けられる。(45) いずれにしても、我―汝関係としての生きた宗教的現実から逸れているのである。ブーバーはこのような非対話的思惟が宗教的現実を否定するものであると鋭く批判しているが、このような思惟の支配する場に神の蝕が現象しているのである。では、神ではない何がそこに現われているのだろうか。われわれはいわゆる宗教的現象といわれる世界のなかに、不幸なことではあるが、単に人間の自己陶酔・権力意志・自己顕示欲の徘徊や、ひどくなるこの世の富獲得の営みと同じものを見てしまうのではなかろうか。

二　「永遠の汝―我」関係の表現

伝統的な哲学思想では神と人間の関係は、絶対者と相対者、無限者と有限者、全体者と個別者の関係として捉えられてきた。両者の存在様相を対比するならば、そのような関係が成り立っていると考えられるが、それは対象化された客観的現象の論理的な説明である。しかし、それは自由な人格である神（永遠の汝）と同様に自由な人格（我）である人間の出会いの説明として適切ではない。つまり「我―汝」関係は「主観―客観」（「我―それ」）関係では説明できないということである。

　対話的関係をもし対象化（「我―それ」関係）して説明するならば（比喩を用いれば〈立体的構造を平面的に説明するならば〉となる）、神は絶対・無限・普遍・全体であり、人間は相対・有限・特殊・個であると区別されて把握される。そして前者と後者の関係が絶対的に対立するものの包摂関係、支配被支配関係、序列関係、相即関係などとして説明される。またそれは異質な存在者の相互浸透的、相互否定媒介的関係などと論じられたりもしよう。このような説明は存在者の相互関係の〈形式的説明〉としては納得できる。しかし、「永遠の汝―我」の人格的関係の説明としては不適切である。なぜならば、永遠の汝と我との〈出会い〉は、絶対・無限・普遍・全体などの概念的思惟を通してではないからである（vgl. A, 593）。また自由意志の主体相互の対話的関係は厳密には、包摂関係、支配被支配関係、序列関係、相即関係などでは表わせないからである。

さらにいえば、永遠の汝と我の関係では、存在者間の関係を関係の外から眺めてではなく関係そのもののなかにあって受けとめて、その関係の内実が問われているからである。

ブーバーはこう述べている。対話的関係では「他者に対してそれ自身が関係に関与していない観察の単なる対象のようなものはない。むしろ両者が関わりの相互性に入ってゆく我と汝の二元性がある。たとえ神が絶対的なものと理解されるとしても、神はここでは全体（das Ganze）ではなく、むしろ対向するもの（das Gegenüber）であり、神はこの人間に向かい合って立って居るもの（das diesem Menschen Gegenüberstehende）であり、神はこの人間ではないところのものであり、またこの人間であるところのものではない。合一の欲求はまさにこの点に基礎づけられているのである」（CB, 851）。神秘主義者が経験する親しい関わり（Umgang）では、「神秘主義者が神を無限なものと捉えたとしても、神はなお人格であり、人格であり続ける」（CB, 851）。

この二つの引用文にみられるように、「永遠の汝と我」関係においては、神は〈向かい合って存在している汝〉であり、この呼応的関係（人格相互の〈契約的〉信頼関係とも表現できる）の内実が絶対的・無限的・全体的であることを通して、神の絶対性・無限性・全体性の観念が表象される。この関係の絶対性（代替不可能性、無条件性）・無限性（無制約性）から、永遠の汝のそうした属性が表象されてくる。その逆ではない。この思惟方法では、はじめに絶対者が先在するというのではなく、まずはじめに「我―汝」関係が成り立ち、その関係の蓄積から関係者の本質が表象されるということである。(46)

このようなわけで、「我―汝」関係（宗教的現象）を、それから離れた「我―それ」関係の視点から論理的に説明するところにすでに〈神の蝕〉が密かに忍び込んでくる原因があると思われる。神の蝕が疑われることもなく、神〈について〉議論され、それが探求の対象になっているところにこそ宗教的思惟の危機が潜んでいるといわなければならない。「我―汝」関係を離れたところで論じられる「我―それ」関係について、G・ベールが「そこから、講壇的学問が組織神学と呼ぶものに対するブーバーの嫌悪が生まれてくる(47)」というのも肯ける。

三　対話的思惟の欠如と神の蝕

これまでしばしば述べてきたこの対話的思惟とはどのようなことであろうか。現代の理性的思惟にとっては、神が一方では主観性のなかに限定されず、他方では最高の価値的存在を超越することは堪え難いことであろう。「汝！」と呼び掛ける超越的な他者である伴侶としての神の存在は、現代の科学的思惟（対象化的思惟）にとっては理解し難いのは当然である。こうした思惟に対して宗教的現実である超越的な対話的現実つまり立体的間に生きる実存の思惟形態は対話的思惟といえよう。だが、自我の殻を内から破ることはできないゆえに対話的思惟は不可能に思われる。この乗り越えがたき壁を越えるには、自我の彼方から語り掛けられる言葉を受け入れることによるしかない。こうして自我の殻が崩されてゆくのであるが、そこに現われる思惟が「祈り」と表現できよう。[48]では、立体的間における祈りとはどのような実存の在り方であろうか。

それは「汝の存在」が語り掛けるのを聴き受け入れることから始まり、それに応答することへと展開し、「我―汝」呼応関係に在ることであるといえよう。他者（他人、自然、絶対的他者）からの言葉（音声を伴うことだけではなくあらゆる仕方での表現を含む）を受け入れて、それに応答する魂の働きが祈りである。「汝の存在が語り掛ける」とは比喩であるが、われわれは他者（汝）からいつも語り掛けられていて、それに心の耳を傾けて聴くところから祈りは始まる。「我―汝」関係は祈りの内実である。こうして祈りはまず受動的な態度から起こるといえよう。このように他者からの語り掛けを受けて応答するところに祈りの最も深い消息があることをキルケゴールは述べている。[49]
この〈聴く思惟〉はヘブライズム特有の思惟であり、ヘレニズムの〈見る思惟〉とは正反対である。[50] 聴く思惟は他者の語り掛けに耳を傾けることからはじまり、したがってそこでは他者が中心となっているから、受動的であるといえよう。これに対して、見る思惟は自己が中心になって働くから能動的であり、自己が他者を制約するとも表現されよう。前者は祈りであり、後者は観察である。現代の神の蝕はこうした意味での前者の祈りの欠如に由来するだろう。前者においてはじめて自我の殻は超えられて、自己は自我の獄舎から解放されて、はじめて将来の希望が開かれる可能性がある。これに対して、現代の絶望感の蔓延の原因は自閉的な観察する後者に在るといえるのではなかろうか。
最後に宗教的現実である「我─汝」関わり（＝対話的思惟、祈り）の特質について考察しておきたい。まず第一に、祈りにおいては過去のことも未来のことも、現在に呼び集められ、すべてのものがこの現在に生かされる。祈りはまさに「現在するものの現在」（Fin, 537）以外のものではない「出会い」の現象であるといえるであろう（vgl. ibid.）。この祈りのなかですべてのものが本来の姿を現わして光を放ち始める。そこには永遠の現在ともいうことができる力が満ちる。宗教的実存とはこうした意味の祈りに生きる実存であるといえよう。第二に、自己と他者の呼応的関係が祈りの領域であり、ここでは永遠の汝と人間との関係は「受動と能動、自由と運命、呼び掛けと応答」が対立矛盾しないで、不可分のひとつの出来事なのである。[51] 第三に、ブーバーは「神律において神的法はあなた自身の法を探すのであり、真の啓示はあなたにあなた自身を顕にするのである」(Fin, 578) と述べている。これは倫理的自律とか自己立法を否定して、倫理的他律や他者依存を主張しているのではない。立体的間における我と永遠の汝の相互性においては、自律か他律かという二者択一が統合されてゆく。そこには神律と共存する人間の真の自律が実現するということである。ところが、現代のわれわれはこの二者択一へと分裂してゆき、この分裂が神の蝕の原因でもあろう。

ここで「祈り」に関する研究を展望し、[52] そこにブーバーの「祈り」の定義を位置付けることはできないが、彼の文章を引用してみたい。彼にとって、神と人間はパートナーの関係であるので、人間の側の積極的な働きかけを正当に評価する。

「含蓄を込めた意味において祈りと呼んでいるのは神へ向かっての人間の語り掛けである。

この語り掛けは、たとえ何が祈られていても、結局のところ、神の現在の告知を祈願すること、つまりこの現在が対話的に感得されることを祈願すること（die Bitte um Kundgabe der göttliche Gegenwart, um das dialogische Spürbarwerden dieser Gegenwart）である。したがって、真の祈りの状態の唯一の前提は、この現在に対して全人的に備えることであり、純朴に方向転向〔帰依〕していることであり、留保なしの自発性である。根源から湧き上がってくるこの自発性は、そのときどきにあらゆる撹乱するものや気を逸らすものを支配することができる」（Fin, 596）。

祈りは神への語り掛けであること、神的なるもの（永遠的なもの）の現在を感得すること、この現在を人間が全存在を込めて受けとめるべく態度決定していることだということである。人間のこの在り方を否定するものが侵入するが、それは「自分は祈っている、自分は祈っている、自分が祈っているという過剰な意識」（ibid.）であり、これがまた現代の神の蝕を生み出している原因であるといえようし、そのことをわれわれは知っているとブーバーは指摘する（vgl. Fin, 597）。この基準からブーバーは、現実の宗教の問題現象に向けて発言する。「真の祈りのうちにおいて祭式と信仰とは合一されて浄化されて、〔神との〕生きた関係へ入る。宗教のなかに真の祈りが生きているということは、宗教が真に生きていることの証しである」(ID, 158-159)と。ブーバーは宗教が生きているか堕落しているかは、そこに真の祈り〔我―永遠の汝の関係〕が生きているかどうかであるという。[53] 確かに、特定の時と場で祈りを捧げることにはそれなりの意味がある。それは「あらゆる特定の礼拝(Gottesdienst)というものは世界で神と交わるために常に更新されてゆく準備であり、聖別である」(CB, 744)ということである。けれども彼は現実の礼拝に関しても次のように鋭く問題点を再考するように促す。「こうした礼拝〔形式化習慣化した礼拝〕の『神』はもはや神ではなく、それは形成された仮象にすぎない。交わり(Umgang)の真の相手はそこにはもはやなく、関わり(Verkehr)の身ぶりが空を打つばかりだ」(CB, 744-745)と。ここにはかなり極端な指摘も見られるとしても、真の祈りの欠如という現代のわれわれの思惟の在り方に「神の蝕」の原因が見えるというのは事実であろう。ブーバーは、1953年9月27日ドイツのフランクフルトのパウロ教会におけるドイツ書籍出版協会の「平和賞」授賞式での講演「真の対話と平和の諸可能性」のなかでこう述べている。「現代人が祈ることは――これは神が存在することを真理なりと認めることではなく、神に心を向けて語りかけることに注意していただきたいが

——、非常に困難となったことと、また現代人がその隣人と真の対話を交わすことが非常に困難となった事実とは一連の事実の部分〔的現象〕である」(N, 228)。ブーバーによれば、祈りという実存の在り方の欠如が現代の精神状況における神の蝕を示す徴候であるといえよう。

現代の多くの人々は神の存在に関心がないわけではない。現代では、人為的な神々がはびこって人々の心を虜にしている現象が見られる。しかし心の眼に見るべきものが、何かに妨害されて見えなくなってきているという微かな直感はわれわれに残っている。それは何であるかよく分からない。ブーバーは知られざる永遠の汝とわれわれの間にはさまざまな「もの」が介在してきていて、互いに関わりを失わせてきていることを警告する。諸物の介在を許す原因は肥大化した自我であり、われわれの魂を拘束している溢れる物である。またさまざまな主義主張である。これらは宗教・倫理の現象にも現われていて、人間の根源的危機の源泉ともなっている。この危機的精神状況からの救済は、その「もの」の破壊を促して、「汝」を解放する対話的思惟の回復によるといえよう。その点では対話的思惟とは危機的な思惟ともいわれようが、同時に創造的思惟でもある。[54] それは立体的間に起こっている声に聞き入る思惟であるが、実存の様態としては〈祈り〉として実現する。終わりに、ブーバーの次のことばを紹介したい。

「神という名を忌避し、神なしと思いこんでいる者も、彼の生命の汝にむかって、――それを、他のいかなる汝によっても制約され得ない汝として――自己の全存在をささげて語りかけるときには、神に向かって語りかけているのである」(ID, 128.『ブーバー著作集』第一巻（我と汝)、田口義弘訳、99頁)。

注

論考は『現代宗教思想を学ぶ人のために』(山本・長谷編、世界思想社、1998年）に掲載した拙論（189―199頁）を組み込みながら（第一節二―三、第二節三、第三節三―（2)、第四節二、第五節の一部)、ブーバーの宗教哲学の特質を大幅に書き加えたものである。

（1）フォイエルバッハ『キリスト教の本質（下)』船山信一訳、岩波文庫、1960年、143頁。
（2）哲学的人間学の課題・方法・目的に関しては、ボルノウ「哲学的人間学とその方法的諸原理」(『現代の哲学的人間学』藤田健治他訳、白水社、1976年、27―34頁）を参照。
（3）F. Nietzsche: *Also sprach Zarathustra*, in: *Werke in drei Banden*, (Herg.) K. Schlechter, 1955, Vorrede 2: Vgl. Ders.: *Die Fröliche Wissenschaft*, N. 125.

（4）この文章はブーバーによれば、サルトルの『状況』第一部（*Situations I*, 1947）の153頁からの引用である（Fin, 551)。

（5）立体的間については本章第二節三、さらに拙著『ブーバーの人間学』教文館、１９８７年、55―65頁を参照願いたい。

（6） 人と人の「間」の病理現象を精神医学の立場から解明している木村敏の著作（『自己・あいだ・時間』１９９０年、『分裂症と他者』１９８１年、『あいだ』１９８８年、いずれとも弘文堂）には、現代のわれわれが陥っている「心の世界」の諸問題が論じられている。

（7）「生きられた生活のなかである人に歩み寄り語り掛ける生きた神は〈超感性的世界〉の構成要素ではないし、主観性の対象として感性的世界に入れることもできないのと同様に超感性的世界に入れることもできない。それにもかかわらず、もし神との出会いを自己との出会い（Selbstbegegnung）として理解しようとしてかかるならば、人間の構造（Gefüge）が砕かれてしまう。これが今の時代の特徴である」（Fin, 518-519)。

（8）この論文集に収録されているものは次の通りである。 1. Bericht von zwei Gesprächen, 2. Religion und Realität, 3. Religion und Philosophie, 4. Die Liebe zu Gott und die Gottesidee, 5. Religion und modernes Denken, 6. Religion und Ethik, 7. Von einer Suspension des Ethischen, 8. Gott und der Menschengeist, 9. Anhang — Replik auf eine Entgegnung C. G. Jungs. 邦訳にあたっては、『ブーバー著作集』第五巻（かくれた神）、三谷好憲、山本誠作訳、１９６８年、みすず書房、および英語版（*Eclipse of God*, trans. by M. Friedman, E. Kamenka, N. Guterman, L. M. Lask, Harper & Row, 1957）を参考にした。この論文は、

アメリカの諸大学（Yale, Princeton, Columbia, Chicago）で行なった講演（上記論文の2、5、6、7）に、それ以前に書かれたものや（上記論文の1〔1932〕、4〔1943〕）、部分的に重複するもの（3〔1929〕）を加えて編集したものである。略記号 Fin,Werke I, S. 503-S.603）

（9）前掲拙著において、ブーバーの人間観、世界観など基本的な彼の思想構造を解説しているので参照願いたい。

（10）ブーバーにおける「Religiosität（宗教性）と Religion（宗教）の相違」に関しては Chr. Schütz〔1975〕S. 156-163 に詳しく説明されている。この区別はブーバーにとって初期の段階から一貫して自覚されているが、彼の思索の発展段階に応じて意味内容が変化しているといえよう。しかし、概していえば「宗教性」は永遠の汝との根源的な生きた関係性（我―汝の対話性）を意味し、「宗教」はそこから発生した教義教説、組織集団、行為規範を伴うところの文化現象を示す。これが宗教性という内実を失うと「人為的宗教、偽装宗教」となり、その現象は宗教意識の過剰となって現われるが、その表面的形式主義、主観的感情主義に対して現代のわれわれは拒絶反応を示さざるをえない。山本誠作は明快に次のように述べている。「前者〔宗教〕は信仰内容と信仰制度の〈それの領域〉であり、後者〔宗教性〕は信仰そのものの〈汝の領域〉である。前者は〈神について語る〉ことであり、後者は〈神に語りかける〉ことである。神について語るということは、神を人間から引き離された対象として、神を他のもろもろの存在者に伍した一存在者たらしめ、自己の手前にあるまさしくかくかくの性質をもった存在者たらしめることである。それに反して、神に語りかけるというのは、人間が実存的に神に向かうことであり、人間の神への総体的対向に外ならない。こうした区別は、まさしく彼の〈われ―それ関係〉と〈われ―なんじ関係〉との根本的区別に対応している。こうした区別のリアリティに基づいて、彼はあえて〈宗教〉を捨てて、〈宗教性〉ないしは宗教的なるものを選びとっている」(『ブーバー著作集』第一〇巻(ブーバー研究)、1970年、みすず書房、編者「あとがき」291頁、〔 〕内と記号〈 〉は筆者の加えたものである。

(11) ブーバーの言語論に関しては、前掲拙著第三部第二章「人間と言葉」265―295頁を参照願いたい。

(12) 我と汝の二元性は宗教的な関わりに現われるが、主客の二元性は哲学の基本的方法である。前者は生きた具体的現実に存在する。これに対して後者は相互的応答関係(Miteinander)が壊れてしまい、二極(観察する者と観察される物)に分裂することから生まれる。これは抽象的支配の産物であり、主観も客観もこの支配関係のなかでのみ存する(vgl. Fin, 526)。

(13) 豊かな古代ギリシア思想史における神概念の展開については単純に要約されるものではないが、ここでは主としてプラトンとアリストテレスの哲学思想における「形而上学的神」に限定したものを念頭においている。しかも、それは哲学史の一般的な見解として認められていることに基づく。したがって、ここではヘレニズムとヘブライズムにおける神概念の対比という視点での大雑把な記述である。Vgl. Historishes Wörterbuch der Philosophie, Bd. 3. S. 721-724.

(14) 世界の名著『パスカル』(講談社)所収「覚え書」(由木康訳)、475頁。参照、出エジプト記3・6、マタイ22・32。

(15)「哲学者の絶対者という理念は、絶対者が生きているところで、またわれわれが絶対者を愛しているところで止揚されてしまう。という事実を哲学者は認識し容認せざるをえない。なぜならば、そこでは絶対者はそれについて哲学されうる絶対者ではもはやなくて、〔自由な主体であり、パートナーとしての人格である〕神だからである」(Fin, 540)。

(16) ブーバーにおける対話的愛の特質については、前掲拙著、200—204頁参照。「神は人間を愛しうるために、人間を世界に置いた偉大な愛する神である。——しかし相互関係のない完全な愛は存在しない。それで根源的な神は、人間が神を愛することを渇望する」(CB, 860)。

(17) 神の自己啓示については、『出エジプト記』3章14節に記録されている。モーセがシナイ山の麓で神に名前を問うた時、神はつぎのように答えた。①「わたしは、『わたしはある』というものである(ʾehyeh ʾasher ʾehyeh)」。神はまた次のようにも述べた。「イスラエル人にこう告げなさい。②『わたしはあるという方(ʾehyeh)が、あなたがたのところに遣わされた』と」。さらに神はモーセに次のように告げていた。③「わたしは、あなたの父の神、アブラハムの神、イサクの神、ヤコブの神である」(6節、15節参照)。①の箇所をブーバーはIch Werde dasein, als der Ich dasein werde(『我と汝』では、Ich bin da, als der ich da bin と訳した)、②の箇所をICH BIN DA, ここではICH BIN DA schicket mich zu euch と独訳している。『神の蝕』で Ehije (Ich bin da) とあるところは、②の箇所を ICH BIN DA と大文字で書かれている。これを直訳すれば「私は現に存在する(ある=居る)」ということであろう。関根正雄は①を「わたしはあらんとしてある者である」、②を「〈わたしはある者〉がわたしを君たちのもとに遣わされました」と邦訳している(岩波文庫版)。中沢洽樹は①を「わたしは〈われ有り〉という者である」、②を「〈われ有り〉という神から、このわたしは、おまえたちの所に遣わされたのだ」と邦訳している（世界の名著『聖書』中央公論社）。

要するに、①②では、神の名前には神の意志と現存（＝臨在）の約束が現われていて、神の人格性が見える。同時に、③にあるように、われわれと「共にある」ことが宣言されている。この「共にある」（関係性を示す）ということが自由意志をもった人格的神に関わりながら生きることの基礎的存在構造である。ブーバーにおける神名論については、『モーゼ』『預言者の信仰』などを検討しなければならない。ブーバーは、ヤハウェが、過去・現在・未来にわたって〈われわれと共に居る〉ことを告白しているといえよう。

ところで、旧約聖書には神の二つの名称（ヤハウェとエロヒム）が用いられている。ブーバーはユダヤ教神秘主義の伝統（後期カバラ神学、ハシディズムの神学）における神理解を背景にして、この二つの名称の差異を説いている。（以下は、CB, 856-860を要約したものである。訳文は『ブーバー著作集』第三巻（ハシディズム）、平石善司訳、みすず書房、175―184頁による）。要するに、二つの名称は神の「働き（愛）」の二様態、つまり神の本質の現われの二様態を示すのである。一方では、「はじめに神（エロヒム）は天と地を創造した」（創世記1章1節）とあるように、「自然の中に働き、みずからを自然に限定する神」（CB, 856）をエロヒムという。エロヒムは無限定なる存在にもかかわらず「宇宙的自己限定」（CB, 857）によって全自然世界を創造し、生命を与え、精神を与えている。この自然世界を支えるエロヒムは「神の非人格的な姿であり、もし欲するならば、スピノザの能産的自然と比較しうる」（CB, 858）。他方、「ヤハウェがシナイ山に下られた」（出エジプト記、19章18節）と記されてあるように「啓示の神つまりイスラエルに働く神」（CB, 856）が、

「神性の根源的名称」(CB, 856) であるヤハウェ (YHWH) で表現される。ヤハウェは被造界のなかの選ばれた者 (ユダヤ民族) へと個別的に自己を啓示する。ここで働いているのは「世界に入り込まなかった神・限定されない神・無限の光の運載者・神性・純粋存在」(CB, 856) である。ヤハウェは隠された「無限の光それ自体」(CB, 856) であるが、その光を受けとる者を被造界に待ち望んでいて、その光力を限定して選ばれた各部族に与えることを望む。このようにエロヒムは、神とすべての被造界との連続的な自己限定の作用であるのに対して、ヤハウェは選びという非連続な「教育的自己限定」(CB, 857)「愛の行為」(CB, 856) を遂行する。まず、エロヒムによって自然(人間) が創造され、ヤハウェによってその自然 (人間) に光が授けられる。この光を受けた人間をツァディークといい、それは「真の人間、無限の光の受容者」(CB, 857) のことである。この「ツァディーク」とは「『カッバラー』では神の秘儀をうけ神の代理として働く神と特別の関係を持つ人々をさしていうのであるが、『ハシディズム』では、さらにその上に、神の代わりに交わりの生活を導くもの、いわば、神との交わりの生活との間の仲保者を意味したのである」(平石善司『マルチン・ブーバー、人と思想』創文社、1991年、60頁)。ここで、重要なことは、インドやキリスト教神秘主義における「超人格的・無活動的神性と人格的・活動的神との間の区別」が生じているのではない。重要なのは、「神のその受容者に対する自己告知、つまり啓示が神の一切の他の働き、つまり一切の自然的働きから分離されることによって、神の働きの内部に区別が生ずるという点である。つまり自己告知する神は、その行為によって世界がたてられる自己限定の神・エロヒムではなく、無限定な根源的神性そのものである」(CB, 857)。ヤハウェは、世界に直接に自己を与えつつ世界を超えて自己を保持し続ける「無限定な人格、絶対的な人格という逆説的意味における人格」(CB, 858) である。自由な主体であるヤハウェの顕現を「自己限定ではなく、むしろ無限定な根源的神性そのもの、つまり存在が啓示の〈われ (Ich)〉を語るのである」(CB, 858) と表現している。

エロヒムはなぜ無限定な神性を自己限定して世界を創造したか。それは神の恵みから (カバラ)。ヤハウェはなぜ無限定な神性から人間 (受容者) に向かう人格となったのか。それは人間の方からの渇望に応えるため (ハシディズム)。だが、このような「二つの答えは一つである。神の道の事実は、愛を示そうとする神の意志の事実から理解されるべきである」(CB, 858-859)。ブーバーは、神の現れの二形態 (エロヒム、ヤハウェ) を要約して次のように述べている。「人間は二重の仕方で神の力あるいは神的実体によって捕らえられる。すなわちその一つは、人間にその力を与えるエロヒムの創造的力による被造物としてである。そして他は、もしそれが下るならば、人間を彼以上に高めるシエキナ (Schechina =人格化された神の栄光、神の内在) の臨在による人格としてである。第一の仕方は構成的・永続的であり、第二の仕方は恩寵的で予見されえない。もし前者が地下ふかくしみこみ、そこから大地をうるおし、大地を肥沃に保つ地下水にたとえられうるならば、後者は〈大地に降り注ぎ、穀物を発芽させる〉実りの雨にたとえうるであろう」(CB, 859. 邦訳、182頁)。ヤハウェの名称に関しては前掲拙著、73頁参照。

(18)「信仰に圧倒された彼 (パスカル) は哲学者たちの神、すなわち一つの思想体系のなかで、ある特定の場所を占めているような神にはもはや関われないことを知っている」(Fin, 539)。アブラハムが信じた神、アブラハムを愛した神は「まさに神が神であるがゆえに、思想の体系の下には納まらない。その神は端的にどのような思想体系をも超えていて、しかもそれは神の本質上そうなのだ」(ibid.)。アブラハムの神は理念ではなく、むしろ神のなかにすべての理念が止揚される「汝」である。

西洋哲学史における「神」の問題については、*Handbuch philosophischer Grundbegriffe*, Bd. 3. "Gott" (614-641) von H. Krings & E. Simons, Kösel-Verlag, 1973, S. 614-641 を参考にした。

（19）超越的神（創造主）と被造界との根源的断絶が解消されると、沈黙した実体的神が自動的に世界を生み出してゆく。そこでは、人間がその限界（被造性）を超越して創造主に語り掛けるという「垂直的関係領域」が消える。

（20）前掲拙著、168―171頁、174―175頁、本書、131頁注（2）参照。

（21）Vgl. L. J. Silberstein [1989]. 人格性の意味の問題は pp. 104-139 に、「永遠の汝」としての神の人格に関しては pp. 204-228 を参照。さらに註（17）の後半にヤハウェとしての神の人格性の特質が述べられているので参照願いたい。

（22）『現代の哲学者叢書』の「ブーバー」の巻で、哲学者たちがブーバー論をさまざまな分野から述べた。それに対して彼は誠実に応答した。M・フリードマンは「最も悲しむべき『すれ違い』の一つは、ブーバーとチャールズ・ハーツホーンとのあいだで起こった」(M. Friedman: *Encounter on the Narrow Ridge, A Life of M. Buber*, 1991.『評伝マルティン・ブーバー［下］』黒沼、河合共訳、ミルトス、２０００年、264頁）と述べている。ハーツホーンは「ブーバーの形而上学」という論文を寄稿したが、そのなかでブーバーが神を「絶対的人格」としたことに反対した。神が絶対的であれば相対者相互の関係のなかに入ることはありえない。もし神がそのような関係に入るならば、もはや絶対ではないというものである（Charles Hartshorne: *Martin Bubers Metaphysik, in: The Philosophy of Martin Buber*, [ed. by P. A. Scilpp], 1963, pp. 51-52)。これに対してブーバーは『応答』のなかでこう述べている。「私が神について〈神は人間的人格との関係へと踏み入るのだ〉と述べているので、神は絶対的ではなくむしろ相対的であるべきだ。このことは『相対的なものは、他のものとの関係にあることに依存している』という命題で説明される〔とハーツホーンは形式的に考えている〕。まるで絶対的な存在は、いかなるものとも関係することなしに存在しなければならないというように！」(M. Buber: A, 614-615)。本書、130頁注（1）参照

（23）ブーバーは生きた神を表わす場合に最も相応しい言葉を探求していたといえよう。「神」「絶対者」「非制約者」「創造主」に代わって、結局は「出会う汝」を示すには「永遠の汝」が相応しい。この問題については、Chr. Schütz [1975], S. 163-168 を参照。さらに詳しくは、R. Bielander [1975], S. 205-230 に「永遠の汝」「絶対的人格」の意義について考察されている。

（24）「神は —— 私は今やそう言っていいのだが —— その絶対性を神が人間に対して歩み入る関係の中に共にみちびき入れる。だから、神へと向かう人間は他のいかなる我―汝の関わりから離れる必要はない」(*Nachwort*, in: ID, 170)。

（25）カントの人間観および「人格と人格性」の問題はすでに多くのカント研究書で解明されているところである。小倉貞秀『カント倫理学研究 —— 人格性概念を中心にして』(理想社、１９６５年)、

日本倫理学会（編）『人格』（理想社、１９７４年）など参照。

（26）「多くの形像（Bilder）は互いに補い合い、融合し、造形的形像物（Gebild）あるいは神学的形像物となり、信仰者の共同体の前に立てられる。そして神は――われわれはこのように推し量ることが許されるだろうが――このような形像を蔑むことなく、むしろそれらの形像のなかに、それらの形像を通して神を観ることを許す。神はこうした形像を、それを貫いて神が現われる形像物とみなす」（Fin, 538）。

（27）「形像は直ちに常に形像以上のもの、つまり神への徴証や暗示以上のものであろうとする。そして、ついには繰り返しいつも次のようなことが起こる。つまり形像が神への道を妨げて、神がそれらの形像から遠ざかるということが」（Fin, 538）。

（28）この光は人間の認識の限界を超越したところから与えられる恵みを示すものである。「あなたの光によって、わたしたちはあなたの光をみる」（詩篇36・10）「主があなたの永遠の光となり……」（イザヤ書61・19―20）という真理認識の姿勢がブーバーの実存の基本にあるといえよう。前掲拙著、109頁、134―135頁、147―148頁参照。本論考注（43）参照。

（29）神学者R・グァルディーニは宗教的次元である垂直的間を失ってさまよう現代人の「自己」の危い在り方について鋭くこう批判している。「宗教的要素の欠けた生は潤滑油のきれたモーターにひとしい。熱をはきながら回転する。その一瞬一瞬、なにかを燃焼している。きっちりとかみ合っていたはずの部分が、どこそこ動かなくなる。中心との連絡がばらばらになってしまう。存在は解体する」（「近代的世界像の解体と来るべきもの」、『近代の終末』［仲手川良雄訳］所収、創文社、

1960年、116頁)。

(30) イスラエルの宗教思想では「聖なる主の前で聖なる民となれ」という〈倫理的善を越えた宗教的聖〉の要請は一貫している。出エジプト記22・19、31・6、レビ記11・44、20・26、申命記7・6、14・21、26・19、28・9、イザヤ書62・12、エレミヤ書2・3など参照。

(31) G. Wehr [1985], S. 60.

(32) ブーバーの思索の視座が、独白的神秘主義から対話へと一八〇度の転回したことを明確に表現しているものは、1923年出版の *Reden über das Judentum*（これは1909年から1918年の間に書かれた論文を編集したもの）の「序言」である。主著『我と汝』は同年の出版である。この「序言」には宗教的現実は神と人間の相互性・出会いであることが強調されている。(vgl. JJ, 3-9)。「イスラエルは、真の神は話しかける神であるがゆえに話しかけられる神であることを教えた」(CB. 743)。「イスラエルがはじめて生を、話しかけられることと答えること、話しかけることと、答えられることとして理解したのであるが、むしろまさしく〔生をそのようなものとして〕生きたのである」(CB, 742)。「イスラエルの偉大な功績は全存在の根源にして目標である唯一の真の神を教えたことではなく、むしろ、神の呼びかけうること（Anredbarkeit）、つまり神に向かって〈汝〉と語り、神と面と向かって立ち、神と交わることを事実であると示したことであった」(CB, 742. 平石善司訳では、Anredbarkeit ＝対話性と工夫して訳されている)。「われわれはあまりにもしばしば思い込む、そのような語りかけなどいささかも聞き取れはしないと。だが、しかし、われわれはすでに久しく耳を蠟《ろう》で封じているのだ。神と人間との間に存在する相互性というものは証明されえない、ちょうど神そのものの存在が証明されえないように」（*Nachwort*, in: ID, 170）。「われわれは遭遇する人生のさまざまな徴において呼び掛けられている。では誰が語っているのか？」（ZW, 187）。「もしわれわれが語りかけの語り手を神と名づけるならば、それは瞬間の神であり、瞬間神（Augenblicksgott）である」（ZW, 188）。

対話的神秘とは名前を呼び合う人格的関係であるが、それについて例えば『旧約聖書』では神が人間をひとりひとりの名前で呼んだと記されている。イザヤ書43・1、45・3―4、49・1、出エジプト記3・17。反対に人間が神を呼び求めることについては、聖書全体が主の名を呼んでいるといっていいが、詩篇や預言書では特にそうである（例、詩篇83・16）。『新約聖書』では、神は人間の名前を呼んで「贖う」のであり、神に呼ばれることは救われることであった。「そのとき、主の名を呼び求める者は救われる」（ロマ書10・13、使徒行伝2・21、4・12）、「すべて主の名を呼ぶ者は救われる」（ヨエル書2・21、4・12）参照。

（33）パウロのキリスト論に対するブーバーの批判は、拙著『ブーバー研究』第四章参照。

（34）世俗化現象と神の蝕の問題に関しては、金子晴勇『近代人の宿命とキリスト教――世俗化の人間学的考察』聖学院大学出版会、2001年を参照。ブーバーの神の蝕についても、260頁に言及されている。

（35）G. Wehr [1958], S. 63. H・ベルグマンは、ブーバーにおいては「宗教的である」ということが現実生活の辺境に位置づけられたり、特殊な感情に対応させられることではないことをこう表現している。「神化の感情（Vergottlichungsgefühl）で飾られた充溢《じゅういつ》は心理的なもの以上の倒錯、つまり宇宙的な倒錯である。宗教的経験が問題ではなく、宗教的生が問題である。つまり民族の、人間の〈完全な〉生が問題なのだ」(H. Bergmann [1963], S. 270)。

(36) ブーバーの神秘主義に影響を与えたのは、彼が若き日々に関わりをもったハシディズムの宗教的―神秘的運動である。彼は *Das Rabbi Israel ben Elieser, genannt Baal-Schem-Tow, das ist Meister vom guten Namen, Unterweisung im Umgang mit Gott, aus den Bruchstücken gefügt von Martin Buber* (1927) の「序文」でこう述べている。「人間の業績へのユダヤ教の貢献が認められるようになる時代には、バール・シェムはたぶん、現実主義的かつ行動主義的な神秘主義の創始者としてたたえられることだろう、すなわち、この神秘主義者にとっては、世界は、人間が真の存在に達するためにはそこから離れなければならない仮象ではなくて、そこにおいて相互性が現れる神と人間との間の現実であり、人間に対する創造的な使信の素材であり、彼の応答的奉仕の素材であり、神の行為と人間の行為との出会いによって救われるべく定められているのである。それゆえ、この神秘主義には諸原理の混合がなく、また体験せらるべき全一(Alleinheit)のために生きられた全多(Allvielheit)を弱めることもない(イフード[Jichud]、すなわち合一《ウニオ》[unio]とは、ここでは魂の神との合一(Einung)を意味するのではなく、神と世界に内在する彼の栄光との合一を意味する)。それは関係の直接性を維持し、絶対者との契約における具体性を守り、全存在の投入を要求するがゆえに、やはり〈神秘主義〉と呼ばれるべきであろう。むろん、それゆえにこそ、また宗教と呼ぶこともできるのである。そのほんとうのドイツ語の名は、恐らく、現在性(Gegenwärtigkeit)ではなかろうか」(*Werke III*, S. 49-50.『バール・シェム・トブすなわち良き名の師と呼ばれるラビ・イスラエル・ベン・エリエゼルの神との交わりにおける教え』板倉敏之訳、理想社、1966年、96頁)。

この引用文にブーバーの神秘主義の特質が現われているといえよう。この神秘主義は神(創造主)と世界(被造者)の関係は合一ではなく、非連続の連続という関係であり、これを適切に表現すれば対話的関係(人格の相互的契約関係とも表現できようが)となろう。H・ベルグマンはこの引用文に基づいてブーバーの神秘主義を解説しているが、神と人間の両者が互いを必要とする関係である点を指摘している。人間の使命は神と世界を統一すること(正しくは、関係づけることであるが)である。「神はわれわれなくしては、この使命をなしえない。人間の課題は世界と神を再び統一(einen)することである。キリスト教的表現では、世界において神が受肉する準備をすることであろう」(H. Bergmann [1963], S. 271)。

(37) G. Wehr [1958], S. 63.

(38) H. Bergmann [1963], S. 266.

(39) 神的な力と栄光とのレアルな出会いと形像の関係については Fin, 512 を参照。形像の成立における「汝」と「それ」の関係に関しては、前掲拙著、296—320頁参照。ブーバーは永遠の汝との出会いの現在は表現にならないことを次のように述べている。「あらゆる形象化(Gestalten)を貫いている『自らは形象のない(gestaltlos)出会いくる者』との出会いという信仰の現実性は、純粋な我—汝—関わり(Beziehung)の外に、彼の形像(Bild)を知らず、対象として把握されるものとして何も知らない。——その信仰の現実は現在するものの現在(die Gegenwart des Gegenwärtigen)のみを知るばかりである。出会いくる者の形像、人間的着想の内容としての神は、汝(Du)が彼(Er)

となり、つまりそれ（Es）となる時にまたその限りにおいてのみ存在する」（Fin, 537）。

（40）旧約聖書のなかの、「私はあなたと共におる」（申命記31・6―8、20・4、詩篇91・15、イザヤ書8・10、41・10、43・2―5など）を参照。

（41）「宗教は……働き掛ける実存から他の実存への、生の充溢《じゅういつ》において現存する触れ合いというレアルな相互性である。宗教は信仰をこの相互性のなかに入ってゆくこととして理解する、つまり指示することも出来ず、固定することもできず、証明することもできず、ただ結ばれることによって経験される存在と結ばれることである。この経験される存在からあらゆる意味が生まれる」（Fin, 527）。神は「語りかけられるが、説明されることのない存在者」（ID, 132）である。

（42）ブーバーは神と人間と世界の関係愛をこう述べている。「神は人間を愛しうるために、人間を世界に置いた偉大な愛の神である。――しかし相互性のない完全な愛は存在しない。それで根源的な神（Urgott）は、人間が彼を愛することを渇望する。すべての教えも『人倫』も、あらゆるものはここから生じる。もっとも深い生の核心においては、神への愛以外何ものも上から望まれ、また要求されない。一切はここから生じるのである。なぜなら人間は、神がその力をそのなかに沈めかつシェキナ〔この世に内在する神の栄光〕がその上にとどまるところの世界を愛することなしには、真に神を愛しえないからである。聖なる愛のなかで相互に愛し合う人間は、神がそれをもって世界を愛するところの愛を相互に捧げ合うのである」（CB, 860.）『ブーバー著作集』第三巻、平石善司訳、みすず書房、１９６９年、184頁）。

（43）両思想における真理概念の比較は、前掲拙著、147―149頁、150頁参照。

（44）「知恵」についての考え方に、ヘレニズムとヘブライズムの違いがある。一般論でしかないが、ヘレニズムでは、知恵（Sophia）とは神的原理と魂が知的作用によって合一するか、つながることによって、無知から真の知へと自覚してゆくことで獲得され徳を実現することであろう。これに対してヘブライズムでは、知恵（chochma）とは神との距離を自覚して、畏れることから始まる。その畏れは同時に信頼を生み出す。こうした意志的関係の問題であった。参照：箴言1・7、9・10、詩篇111・10、伝道の書3・14、5・7、7・18、8・12、12・13。知恵については、*Theological Dictionary of the New Testament*, ed. by G. Kittel & G. Friedrich Vol. IV, S. 465-527 に西洋古代思想史における展開の詳細な説明がある。ブーバーも小論（*Die Lehre und die Tat*, in: JJ. 663-670）で、この二類型の知恵を比較している。

（45）前掲拙著、142―245頁参照。

（46）「初めに関わりが在る。存在のカテゴリーとして、準備として、把握の形式として、魂の鋳型として。初めに関係のアプリオリが、生得の汝がある」（ID,96）。前掲拙著第一部、47―129頁、292頁。

（47）G. Wehr [1958], S. 126. ブーバーは「神はただ語りかけられるだけであって、論述され得ない存在者なのである」（ID, 131）と述べている。主体的知を客観的知に還元できないし、その前後関係を誤ってはならない。平石善司は、ブーバーの思想的源泉にあるハシディズムの特質について「ハシディズムにおいて、教えと生活の関係は生活を教えの実現と見るべきではなく、その反対に理論的表現や神学的解釈を求めるものが生活であるという点に存する」［１９９１］、58―59頁）と述べているように、「我―汝」関係が先であって、その客観的理解は後である。

(48) 対話的思惟に関しては、前掲拙著第一部第二章「間の認識論」参照。対話的思惟に関して次の文献を挙げる。B. Casper: *Das dialogishe Denken*, 1967. 金子晴勇『対話的思考』創文社、1976年。祈りの実存的構造については、拙論「時間と永遠 ―― ローゼンツバイク『新しい思惟』をめぐる考察」(『邂逅』第六号、1988年、23―29頁)参照。

(49) 祈るとは立体的間で、自然の声、他人の声、さまざまな声を聴くことである。これが現代に欠如していることなのである。現代は自己主張・自己顕示欲に駆られて語ることばかりが前面に現われていて、静かに聞き分けることが欠如している。そこに神の蝕の原因がある。キルケゴールは祈りについて次のように述べている。「しかしかれが真に心の底より祈ったならば、彼には何が起こったであろうか。かれには不思議なことが起こったのである。すなわち、かれがその祈りの中で内面的になればなるほど、いっそう言葉少なくなり、ついには沈黙したのである。かれは沈黙した。実にかれは語ることに対して最も鋭い対立の中に入り込んだのである。すなわち、かれは傾聴したのである。かれはかって祈ることは語ることであると考えていた。しかし今や祈ることは単に沈黙することに止まらないで、聴くことであることを学んだのである。実際にまたそうである。人は自分が語っているのを聴いているかぎり、祈ってはいない。語ることをやめて、神の語りかけ給うのを黙って待つようになったとき、人は初めて祈っているのである」(キルケゴール「野の百合・空の鳥」、『キルケゴール著作集』第一八巻、久山康訳、白水社、1963年、185頁)。

(50) ヘレニズム(ギリシア精神と思想)とヘブライズム(ユダヤ教・キリスト教精神と思想)の思惟方法の比較に関する重要な文献としては、T. Boman[1952](『ヘブライ人とギリシア人の思惟』植田重雄訳、新教出版社、１９７０年）がある。これによれば、ギリシア人は「眼の人」「観照の人」であり、空間が思惟形式である「眼の思惟」を遂行し、ヘブライ人は「聴覚」を重んじ、神に讃歌を捧げ、時間が思惟形式である。「聴聞の精神」に関しては、金子晴勇『対話の構造』玉川大学出版部、１９８５年、特に55―86頁参照。

（51）前掲拙著、184―189頁参照。

（52）祈りに関する研究書のなかで最近出版されたもので包括的な展望を与えるものとしては、棚次正和『宗教の根源――祈りの人間学序説』世界思想社、１９９８年がある。その他、P. T. Forsyth: *The Soul of Prayer*, 1954（『祈りの精神』斉藤剛毅訳、ヨルダン社、１９６９年）は有益である。B. Casper [1986]. 奥村一郎『祈り』女子パウロ会、１９７４年参照。

（53）ブーバーにおける「対話的生」「対話的思惟」「祈りにおける思惟」に関しては、前掲拙著、145頁、196―214頁で論じている。ブーバーは語り掛ける面を強調しているようにみえるが、神との関係においては、人間が語り掛ける前には神から語り掛けられているのであり、人間はそれに応えるのだといえるから、〈祈りは聞くことから始まる〉といってよかろう。祈りの人サムエルは「主よ、お話くださ い。しもべは聞きます」（サムエル記上３・９）という態度をとった。祈りは心を開いて神の語りに〈聞き従う〉ことであった。井上洋治は「祈りというのは私にとってはまず第一に心神の耳を傾けて神の思いを聴くことであり、心の窓を開いて聖霊の風をお通しすることであって、願いごとというのはどちらかといえば、二義的なことだと思っている」（『余白の旅』日本基督教団出版局、１９８０年、191頁）と述べている。

(54) ブーバーの思惟は、das diagnostich-therapeutische Denken といわれていて、現代のわれわれの精神状況の病的現象の解明と治療に貢献しているといえる。Vgl. R. Bielander [1975], S. 194-195.

(この付録論考は拙著『マルティン・ブーバー研究』溪水社、2004年の抜粋。出典の略号は拙著を参照願いたい。)

訳者略歴：
稲村秀一（いなむら・しゅういち）

1944 年鳥取市に生まれる。1973 年広島大学大学院文学研究科博士課程修了。1987 年フライブルク大学留学（～ 88 年）。岡山大学名誉教授。文学博士（広島大学）。
主な著書：『ブーバーの人間学』（1987）、『マルティン・ブーバー研究 ―教育論・共同体論・宗教論―』（2004）、『キルケゴールの人間学』（2005）、『実存的人間学の源流と展開』（2008）、他

《不朽のキリスト教古典双書》

義を求める祈り ― 正と悪をめぐる『詩篇』黙想 ―

2023 年 5 月 25 日 初版発行

著　者 ―― マルティン・ブーバー
訳　者 ―― 稲村秀一
発行者 ―― 安田正人
発行所 ―― 株式会社ヨベル　YOBEL, Inc.
〒 113-0033 東京都文京区本郷 4-1-1　菊花ビル 5F
TEL03-3818-4851　FAX03-3818-4858
e-mail : info@yobel. co. jp
装丁者 ―― ロゴスデザイン：長尾優
印刷所 ―― 中央精版印刷株式会社

配給元―日本キリスト教書販売株式会社（日キ販）
〒 162 - 0814　東京都新宿区新小川町 9 -1
振替 00130-3-60976　Tel 03-3260-5670

ISBN978-4-909871-89-3　C00216
